handball-uebungen.de
Trainingseinheiten und Übungen für Ihr Training!

I0220850

Inhaltsverzeichnis:

Vorwort

Impressum
1. Auflage (23.02.2016)
Verlag: DV Concept
Autoren, Design und Layout: Jörg Madinger, Elke Lackner
ISBN: 978-3-95641-171-7

Diese Publikation ist im Katalog der **Deutschen Nationalbibliothek** gelistet, bibliografische Daten können unter http://dnb.de aufgerufen werden.

Vorwort

Liebe Leserinnen und Leser,
vielen Dank, dass Sie sich für ein Buch der trainingsunterstützenden Reihe von
handball-uebungen.de entschieden haben.

Das Training der handballerischen Grundlagen im E- und D-Jugendalter ist der
Schwerpunkt dieser im Buch enthaltenen fünf Trainingseinheiten. Die Themen
Passsicherheit, Wurfbewegung, Prelltechnik, das Freilaufen in der Manndeckung und
Passtäuschungen werden mit je einer Trainingseinheit behandelt. Schritt für Schritt
werden die einzelnen Themen methodisch vom einfachen bis hin zum komplexeren
Ablauf erweitert. Durch eigenes Intensivieren der Übungen kann die Komplexität
erweitert und dem Leistungsniveau der eigenen Mannschaft angepasst werden.

Folgende Trainingseinheiten sind in diesem Buch enthalten:

TE 1 – Verbesserung der Passsicherheit in der Laufbewegung (TE 232) (⭐)

Ziel der vorliegenden Trainingseinheit ist das Verbessern der Passsicherheit, vor
allem in der Laufbewegung. Nach der Erwärmung, bestehend aus dem Einlaufen mit
verschiedenen Passvarianten und einem kleinen Spiel, werden in der Ballgewöhnung
Pässe aus dem vollen Lauf geübt. Auch im Torhüter-Einwerfen und in der folgenden
Wurfserie werden Pässe aus dem Lauf trainiert. Eine zweite Wurfserie kombiniert
Doppelpässe in einer vorgegebenen Laufbewegung mit schnellen Pässen in
Richtung Tor. Zum Abschluss werden in einer Kleingruppenübung und einem Spiel
präzise Pässe auch unter Druck gefordert.

TE 2 – Erlernen und Verbessern der Wurfbewegung (TE 256) (⭐)

Ziel der Trainingseinheit ist das Erlernen und Verbessern der richtigen
Wurfausführung. Dabei wird das Werfen aus dem Stand und aus der Bewegung
ohne Sprung trainiert, um den Fokus auf Arm und Körperbewegung zu legen. Nach
der Erwärmung, die bereits Würfe beinhaltet, wird in zwei Übungen zur
Ballgewöhnung die Aushol- und Wurfbewegung geübt und anschließend in einem
Wettkampf mit Pässen kombiniert. In einem kleinen Spiel wird der Wurf dann aus der
Spielsituation heraus angewendet, bevor nach dem Torhüter-Einwerfen in einer
abschließenden Wurfserie der Wurf auf das Tor in den Vordergrund rückt.

TE 3 – Verbesserung der Prelltechnik bei gleichzeitigem Beobachten der Spielsituation (TE 278) (⭐)

Das Ziel der vorliegenden Trainingseinheit ist die Verbesserung der Prelltechnik mit Schwerpunkt auf dem gleichzeitigen Beobachten des Umfelds. Bereits in der Erwärmung werden Bewegungen mit Prellen kombiniert; ein Sprintwettkampf und ein kleines Spiel trainieren das Prellen mit erhöhter Geschwindigkeit. Nach dem Torhüter-Einwerfen wird in einer Wurfserie mit koordinativen Zusatzaufgaben das gleichzeitige Beobachten von Signalen ergänzt. Die darauffolgende Kleingruppenübung fordert beim Prellen die Beobachtung des Spielgeschehens. In einem Abschlussspiel kann das Erlernte angewendet werden.

TE 4 – Freilaufen in der Manndeckung mit Hilfe von Lauftäuschungen (TE 226) (⭐)

Das Freilaufen ohne Ball gegen die offene Manndeckung mit Hilfe von Lauftäuschungen ist Thema der vorliegenden Trainingseinheit. Nach der Erwärmung, einem Sprintwettkampf mit Richtungswechseln und einer Parteiballvariante werden im Torhüter-Einwerfen noch einmal schnelle Richtungswechsel geübt. Im Anschluss folgt eine individuelle Angriffsübung zum Freilaufen über Lauftäuschungen. Das Thema wird in zwei Kleingruppenübungen vertieft, bevor zum Abschluss das Gelernte im freien Spiel angewendet werden kann.

TE 5 – Erarbeiten von Spielvorteilen durch Passtäuschungen (TE 216) (⭐)

Der Einsatz von Passtäuschungen in Verbindung mit dem eigenen Durchbruch oder einem Rückpass zum Mitspieler ist Hauptthema der vorliegenden Trainingseinheit. Nach dem Einlaufen wird bereits in einem kleinen Spiel intelligentes Passen gefordert, welches in der Ballgewöhnung fortgesetzt wird. Das Torhüter-Einwerfen trainiert die Passtäuschung in Verbindung mit einem 1gegen1-Durchbruch, eine Wurfserie kombiniert die Passtäuschung mit einem Rückpass zum Mitspieler. Beide Varianten werden anschließend im Spiel zweimal 1gegen1 und 3gegen2, bis hin zum 4gegen4 angewendet.

1. Kurzer Einblick in die Jahresplanung

Ziele des Trainings

Im **Jugendbereich** steht die **individuelle Ausbildung** im Vordergrund. Diese ist das erste Ziel, das auch über den sportlichen Erfolg zu stellen ist. Auch sollen die Spieler noch umfassend, d.h. positionsübergreifend ausgebildet werden (keine Positionsspezialisierung, keine Angriffs-/Abwehrspezialisierung). In der Altersstufe der vorliegenden Trainingseinheiten gilt es vor allem, die handballspezifischen Grundtechniken wie Passen, Fangen, Prellen und Werfen zu festigen, sodass sie auch im Spiel sicher angewendet werden können. Daneben stehen die individuellen Angriffstaktiken im Vordergrund, wie das Freilaufen mit und ohne Ball und das Anbieten für Pässe bei gleichzeitigem Herstellen eines Spielvorteils. Zudem sollte das Zusammenspiel gefördert werden durch die Verbesserung des Entscheidungsverhaltens und der Optimierung des Passverhaltens, wodurch auch das Spiel im Team eine höhere Qualität erfährt. Neben den handballerischen Inhalten spielt Koordinationstraining in allen Bereichen ebenso eine große Rolle wie die Motivation der Spieler durch unterschiedliche Wettkampfspiele.

Jahresplanung
In der Jahresplanung sollten folgende Punkte beachtet werden:
- Wie viele Trainingseinheiten habe ich zur Verfügung (Ferienzeit, Feiertage und den Spielplan mit berücksichtigen)?
- Was möchte ich in diesem Jahr erreichen / verbessern?
- Welche Ziele sollten innerhalb einer Rahmenkonzeption (des Vereins, des Verbands z. Bsp. DHB) erreicht werden? In der Rahmenkonzeption des DHB finden Sie viele Orientierungshilfen für die Themen Abwehrsysteme, individuelle Angriffs-/Abwehrfähigkeiten und dazu, was am Ende welcher Altersstufe erreicht werden sollte. In der Altersstufe der vorliegenden Trainingseinheiten werden offensive Abwehrsysteme (Offensive Manndeckung oder 1:5 –Abwehr) gefordert, im Angriff entsprechend das Spiel gegen eine offensive Abwehr mittels Freilaufen und Spiel in die Tiefe.
- Welche Fähigkeiten hat meine Mannschaft (haben meine individuellen Spieler)? Dies sollte immer wieder analysiert und dokumentiert werden, damit ein Soll-/Ist-Vergleich in regelmäßigen Abständen möglich ist. Gerade im Jugendbereich sind die Leistungsunterschiede oft sehr groß. Dies muss auch im Training berücksichtigt werden. In einem gemeinsamen Training kann durch sinnvolle Zusammenstellung von Gruppen, der Lernzuwachs für einzelne Spieler optimiert werden. Auch eigene Trainingseinheiten für bestimmte Leistungsgruppen oder Spieler mit gleichen Defiziten können innerhalb der Jahresplanung unter Umständen vorgesehen werden.

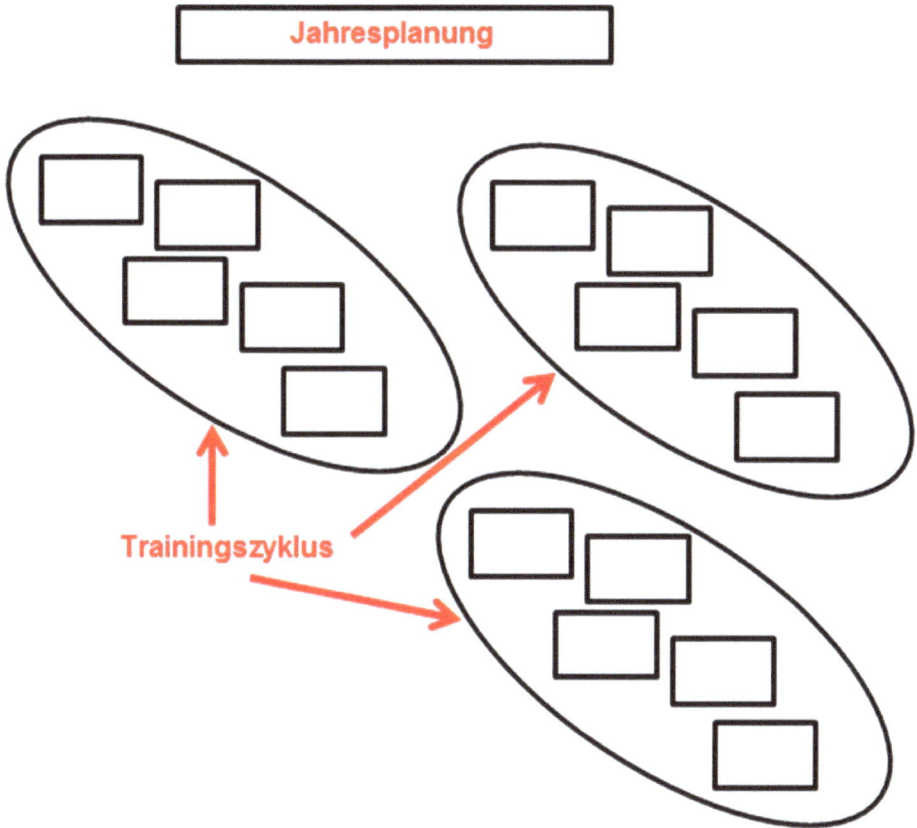

Zerlegung der Jahresplanung in einzelne Zwischenschritte:

- Die Jahresplanung kann noch einmal in spezielle Abschnitte eingeteilt werden
- Im Jugendbereich können die Phase beispielhaft so aussehen:
  - ○ Vom Saisonende bis zu den großen Ferien.
  - ○ Das Training in den Ferien.
  - ○ Die Phase bis zum Beginn der nächsten Spielsaison.
  - ○ Innerhalb der Spielsaison kann man eventuell noch in die Hinrunde und die Rückrunde unterteilen, wobei auch hier die Ferienzeiten zu beachten sind.

Diese groben Trainingsphasen sollten dann schrittweise verfeinert und einzeln geplant werden.

- Einteilung der Trainingsphasen in einzelne Blöcke mit blockspezifischen Zielen (z.B. Monatsplanung).
- Einteilung in Wochenpläne.
- Planung der einzelnen Trainingseinheiten.

Trainingszyklus

Trainingseinheit:
→ Aufwärmen
→ Grundübung
→ Grundspiel
→ Zielspiel

Trainingseinheit:
→ Aufwärmen
→ Grundübung
→ Grundspiel
→ Zielspiel

Trainingseinheit:
→ Aufwärmen
→ Grundübung
→ Grundspiel
→ Zielspiel

Trainingseinheit:
→ Aufwärmen
→ Grundübung
→ Grundspiel
→ Zielspiel

Trainingseinheit:
→ Aufwärmen
→ Grundübung
→ Grundspiel
→ Zielspiel

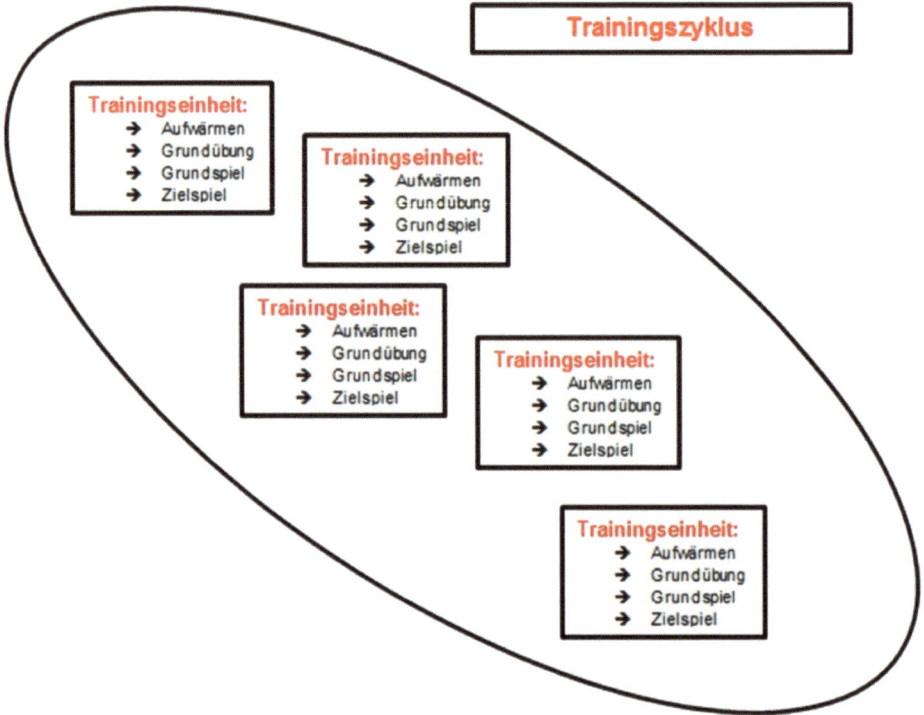

Trainingseinheiten strukturiert aufbauen

Sowohl bei der Jahresplanung als auch bei der Planung der einzelnen
Trainingseinheiten sollte eine klare Struktur erkennbar sein:

- Mit Blöcken arbeiten (siehe Monatsplanung): es sollte (gerade im
  Jugendbereich) über einen Zeitraum am gleichen Thema gearbeitet werden.
  So können sich Übungen wiederholen und die Abläufe können sich einprägen.
- Jedes Training sollte einen klaren Trainingsschwerpunkt haben. Die Themen
  sollten innerhalb einer Trainingseinheit nicht gemischt werden, sondern es
  sollten alle Übungen einem klaren Ziel folgen.
- Die Korrekturen im Training orientieren sich am Schwerpunkt (bei
  Abwehrtraining wird die Abwehr korrigiert und gelobt).

2. Aufbau von Trainingseinheiten

Der Schwerpunkt des Trainings sollte das einzelne Training wie ein roter Faden durchziehen. Dabei in etwa dem folgenden zeitlichen Grundaufbau (Ablauf) folgen:
- ca. 10 (15) Minuten Aufwärmen.
- ca. 20 (30) Minuten Grundübungen (2 bis max. 3 Übungen, plus Torhüter einwerfen).
- ca. 20 (30) Minuten Grundspiel.
- ca. 10 (15) Minuten Zielspiel.

1. Zeit bei 60 Minuten Trainingszeit / 2. Zeit in Klammer bei 90 Minuten Trainingszeit.

Inhalte des Aufwärmens
- Trainingseröffnung: es bietet sich an, das Training mit einem kleinen Ritual (Kreis bilden, sich abklatschen) zu eröffnen und den Spielern kurz die Inhalte und das Ziel der Trainingseinheit vorzustellen.
- Grunderwärmung (leichtes Laufen, Aktivierung des Kreislaufs und des Muskel- und Kochen-Apparats).
- Dehnen/Kräftigen/Mobilisieren (Vorbereitung des Körpers auf die Belastungen des Trainings).
- Kleine Spiele (diese sollten sich bereits am Ziel des Trainings orientieren).

Grundübungen
- Ballgewöhnung (am Ziel des Trainings orientieren).
- Torhüter einwerfen (am Ziel des Trainings orientieren).
- Individuelles Technik- und Taktiktraining.
- Technik- und Taktiktraining in der Kleingruppe.

Grundsätzlich sind bei den Grundübungen die Lauf- und Passwege genau vorgegeben (der Anspruch kann im Laufe der Übung gesteigert und variiert werden).

Hinweise zur Grundübung
- Alle Spieler den Ablauf durchführen lassen (schnelle Wechsel).
- Hohe Anzahl an Wiederholungen.
- Mit Rotation arbeiten oder die Übung auf beiden Seiten gleichzeitig/mit geringer Verzögerung durchführen, damit für die Spieler keine langen Wartezeiten entstehen.
- Individuell arbeiten (1gg1 bis max. 2gg2).
- Eventuell Zusatzaufgaben/Abläufe einbauen (die die Übung komplexer machen).

Grundspiel

Das Grundspiel unterscheidet sich von der Grundübung vor allem dadurch, dass jetzt mehrere **Handlungsoptionen** (Entscheidungen) möglich sind und der/die Spieler die jeweils optimale Option erkennen und wählen sollen. Hier wird vor allem das Entscheidungsverhalten trainiert.

- Das zuvor in den Grundübungen Erlernte mit **Wettkampfcharakter** durchführen.
- Mit Handlungsalternativen arbeiten – Entscheidungsverhalten schulen.
- Alle Spieler sollen den Ablauf häufig durchführen und verschiedene Entscheidungen ausprobieren.
- In Kleingruppen arbeiten (3gg3 bis max. 4gg4).

Zielspiel

- Das zuvor Geübte wird nun im freien Spiel umgesetzt. Um das Geübte im Spiel zu fördern, kann mit Zusatzpunkten oder Zusatzangriffen im Falle der korrekten Umsetzunge gearbeitet werden.
- Im Zielspiel wird das Gelernte im Team umgesetzt (5gg5, 6gg6).

Je nach den Trainingsinhalten können die zu erreichenden Ziele eine geringe Änderung im zeitlichen Ablauf von Grundübungen und Grundspielen bedingen (z. Bsp. beim Ausdauertraining, bei dem sie durch Ausdauereinheiten ersetzt werden).

Themenvorgaben

- Individuelle Ausbildung der Spieler nach Vorgabe der Trainingsrahmenkonzeption (DHB oder vereinseigene Konzeption).
- Taktische Spielsysteme in der Abwehr und im Angriff (altersabhängig), z.B.:
  o Offensive Abwehrformationen in den jüngeren Jugendmannschaften.
  o Von der individuellen Technik und Taktik zur Kleingruppentaktik.

Trainingsthema wählen:
→ Roter Faden

Aufwärmen:
Dauer:
- ca. 10 (15) Minuten

Inhalte:
- „spielerisches Einlaufen"
- Spiele
- Laufkoordination
- (Dehnen und Kräftigung)

Grundübung:
Dauer:
- ca. 20 (30) Minuten

Charakteristik:
- individuell / in der Kleingruppe

Inhalte:
- klare Übungsvorgabe des Ablaufs
- Variationen mit klarer Vorgabe des Ablaufs
- vom Einfachen zum Komplexen
- keine Wartezeit für die Spieler

Grundspiel:
Dauer:
- ca. 20 (30) Minuten

Charakteristik:
- in der Kleingruppe

Inhalte:
- klare Vorgabe des Ablaufs plus Varianten
- Wettkampf

Zielspiel:
Dauer:
- ca. 10 (15) Minuten

Charakteristik:
- Teamplay (Kleingruppe)

Inhalte:
- Freies Spielen mit den Übungen aus der Grundübung und dem Grundspiel
- Wettkampf

3. Die Rolle/Aufgaben des Trainers

Ein erfolgreiches Training hängt stark von der Person und dem Verhalten des Trainers ab. Es ist deshalb wichtig, im Training bestimmte Verhaltensregeln zu beachten, um den Erfolg des Trainings zu ermöglichen. Das soziale Verhalten des Trainers bestimmt den Erfolg in einem ebenso großen Maße wie die reine Fachkompetenz. Gerade im Jugendbereich ist der Trainer auch ein Vorbild und kann durch sein Verhalten auch die Entwicklung der Jugendlichen prägen.

Der Trainer sollte:
- der Mannschaft zu Beginn des Trainings eine kurze Trainingsbeschreibung und die Ziele bekannt geben.
- immer laut und deutlich reden.
- den Ort der Ansprache so wählen, dass alle Spieler die Anweisungen und Korrekturen hören können.
- Fehler erkennen und korrigieren. Beim Korrigieren Hilfestellung geben.
- den Schwerpunkt der Korrekturen auf das Trainingsziel legen.
- individuelle Fortschritte hervorheben und loben (dem Spieler ein positives Gefühl vermitteln).
- fördern und permanent fordern.
- im Training, bei Spielen, aber auch außerhalb der Sporthalle als Vorbild auftreten.
- gut vorbereitet und pünktlich zu Training und Spielen erscheinen.
- in seinem Auftreten immer Vorbild sein.

Vor allem im Jugendbereich:
- Sich auf unterschiedliche körperliche Voraussetzungen einstellen.
- Die Spieler sich auf unterschiedlichen Positionen ausprobieren lassen.
- Die Spieler motivieren „am Ball" zu bleiben, auch wenn nicht alles auf Anhieb klappt.

4. Trainingseinheiten

Nr.: 1	Verbesserung der Passsicherheit in der Laufbewegung (TE 232)		☆	90

Startblock		Hauptblock			
X	Einlaufen / Dehnen		Angriff / Individuell		Sprungkraft
	Laufübung	X	Angriff / Kleingruppe		Sprintwettkampf
X	Kleines Spiel		Angriff / Team		Torhüter
	Koordination	X	Angriff / Wurfserie		
	Laufkoordination		Abwehr / Individuell		**Schlussblock**
	Kräftigung		Abwehr / Kleingruppe	X	Abschlussspiel
X	Ballgewöhnung		Abwehr / Team		Abschlusssprint
X	Torhüter einwerfen		Athletiktraining		
			Ausdauertraining		

☆ :Einfache Anforderung (alle Jugend-Aktivenmannschaften)	☆ ☆ : Mittlere Anforderung (geeignet ab C-Jugend bis Aktive)	☆ ☆ ☆ : Höhere Anforderung (geeignet ab B-Jugend bis Aktive)	☆ ☆ ☆ ☆ : Intensive Anforderung (geeignet für Leistungsbereiche)

Legende:

✘   Hütchen

△1   Angreifer

①1   Abwehrspieler

▭   Großer Turnkasten

▨   Ballkiste

▭   kleine Turnkiste

▢   umgedrehte kl. Turnkiste

Benötigt:

→ 2 große Turnkästen, 2 kleine Turnkisten, 9 Hütchen, Ballkiste mit ausreichend Bällen

Beschreibung:

Ziel der vorliegenden Trainingseinheit ist das Verbessern der Passsicherheit, vor allem in der Laufbewegung. Nach der Erwärmung, bestehend aus dem Einlaufen mit verschiedenen Passvarianten und einem kleinen Spiel, werden in der Ballgewöhnung Pässe aus dem vollen Lauf geübt. Auch im Torhüter-Einwerfen und der folgenden Wurfserie werden Pässe aus dem Lauf trainiert. Eine zweite Wurfserie kombiniert Doppelpässe in einer vorgegebenen Laufbewegung mit schnellen Pässen in Richtung Tor. Zum Abschluss werden in einer Kleingruppenübung und einem Spiel präzise Pässe auch unter Druck gefordert.

Insgesamt besteht die Trainingseinheit aus folgenden Schwerpunkten:
- Einlaufen/Dehnen (Einzelübung: 10 Min. / Trainingsgesamtzeit: 10 Min.)
- Kleines Spiel (15/25)
- Ballgewöhnung (10/35)
- Torhüter einwerfen (10/45)
- Angriff / Wurfserie (10/55)
- Angriff / Wurfserie (15/70)
- Angriff / Kleingruppe (10/80)
- Abschlussspiel (10/90)

Gesamtzeit der Trainingseinheit: 90 Min.

Nr.: 1-1	Einlaufen/Dehnen	10	10

Ablauf:

- Die Spieler werden durchnummeriert und jeder merkt sich seine Zahl.
- Die Spieler laufen in der gesamten Hallenhälfte durcheinander und passen einen Ball in der angegebenen Reihenfolge (1-2-3-4-…. – der letzte Spieler passt wieder zu 1).
- Nach einiger Zeit wird ein zweiter Ball (mit einer anderen Farbe/Musterung) ins Spiel gebracht, der als Bodenpass in der gleichen Reihenfolge gepasst wird.
- Nach einiger Zeit kommt ein dritter Ball (mit einer anderen Farbe/Musterung) ins Spiel, der in der gleichen Reihenfolge mit zwei Händen über Kopf gepasst wird.
- Auf Pfiff wird die Passreihenfolge in umgekehrter Reihenfolge ausgeführt.

Gemeinsam in der Gruppe dehnen/mobilisieren.

Nr.: 1-2	Kleines Spiel	15	25

Aufbau:

- Zwei große Turnkästen diagonal aufstellen und die Wurflinie mit Hütchen markieren.

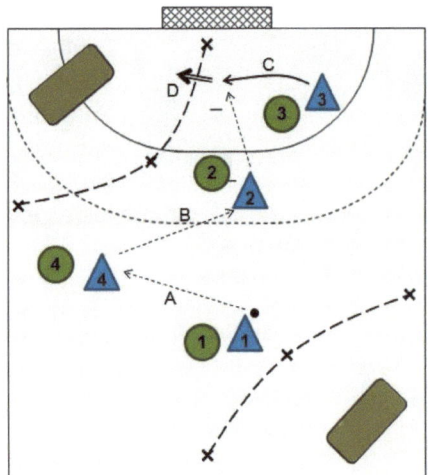

Ablauf:

- Zwei Mannschaften spielen gegeneinander.
- Dabei versucht die Mannschaft in Ballbesitz durch schnelle Pässe (A und B) und geschicktes Laufen (C), einen Spieler in Wurfposition zu bringen (D).
- Die Mannschaft erhält einen Punkt, wenn der werfende Spieler eine der Seitenflächen des Kastens trifft.
- Der abgesteckte Bereich um den Kasten darf dabei vom Werfer und der abwehrenden Mannschaft nicht betreten werden.
- Nach jedem Wurfversuch wechselt der Ballbesitz, und die andere Mannschaft startet einen Angriff auf den gegenüberliegenden Kasten.
- Nach zwei (drei) Punkten für eine Mannschaft wird der Kasten verkleinert, indem ein Zwischenteil herausgenommen wird.
- Es gewinnt die Mannschaft, die ihren Kasten zuerst komplett abgebaut hat.

⚠ Die Spieler sollen nach einem Wurfversuch sofort umschalten und den Angriff auf den gegenüberliegenden Kasten starten.

Nr.: 1-3	Ballgewöhnung	10	35

Aufbau:

- Eine Ballkiste mit vielen Bällen auf der Mittellinie und eine leere Ballkiste auf der Torlinie aufstellen.
- Mit Hütchen die Anspielpositionen markieren.

Ablauf:

- ▲1 passt zu ▲2 (A), sprintet los (B) und bekommt den Rückpass in den Lauf (C).
- Möglichst ohne das Tempo zu verringern, passt ▲1 innerhalb von drei Schritten, ohne zu prellen, zu ▲3 (D).
- ▲1 läuft weiter (E), bekommt wieder den Rückpass (F) und legt den Ball in der leeren Ballkiste ab (G).
- ▲2 stellt sich nach dem Rückpass (C) hinter ▲8 an (H), ▲3 stellt sich nach dem Pass (F) hinter ▲5 an (J) und ▲1 stellt sich nach dem Ablegen des Balles (G) hinter ▲6 an (K).
- Sobald ▲3 den Rückpass zu ▲1 spielt, beginnt ▲4 den Ablauf mit einem Pass zu ▲5.

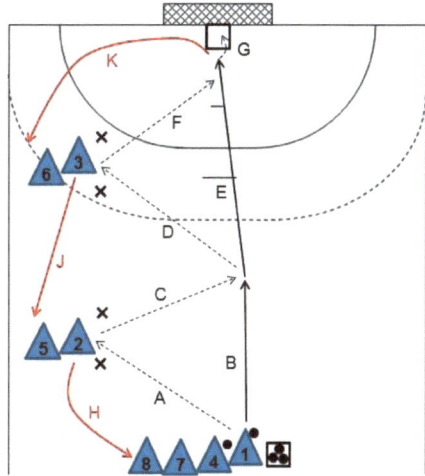

⚠ Die Spieler sollen in mehreren Durchgängen das Tempo immer weiter steigern und die Bälle im Laufen fangen und abspielen. Eventuell im zweiten Durchgang die Zeit stoppen und für die Mannschaft ein Ziel definieren, um wieviele Sekunden diese Vorgabe im dritten Durchgang unterboten werden soll.

Nr.: 1-4	Torhüter einwerfen	10	45

Ablauf:

- 2 passt den Ball zu 1 (A) und bekommt den Rückpass (B).

- 2 wirft nach Vorgabe auf das Tor (Hände, hoch, tief) (C).

- Dann startet 3 mit dem gleichen Ablauf.

- Es wird abwechselnd rechts und links geworfen.

- Nach jedem Durchgang den Passgeber wechseln.

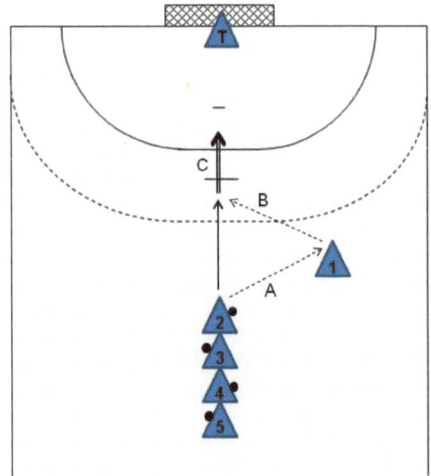

⚠ Die Pässe müssen so gespielt werden, dass für den Torwart ein Rhythmus entsteht.

Nr.: 1-5	Angriff / Wurfserie	10	55

Aufbau:

- Die Startpositionen mit Hütchen markieren.

Ablauf:

- 1 startet ohne Ball in den Sprint (A) und bekommt von 2 den Ball in den Lauf gepasst (B).

- Im Laufen passt 1 zu 3 (C).

- 1 läuft weiter in Richtung Tor (D), bekommt von 3 den Rückpass (E) in den Lauf und wirft (F).

- Beim Pass von 3 zu 1 (E) startet 2 mit dem Ablauf auf der anderen Seite (G) mit Pass von 5 und Doppelpass mit 4.

- Nach einem kompletten Durchgang die beiden Anspieler wechseln.

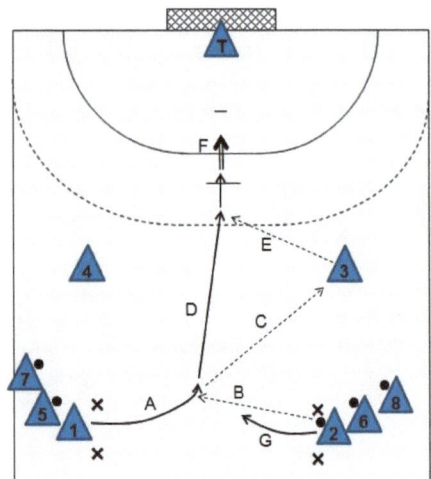

⚠ Die Spieler sollen den Ball im Lauf fangen und sofort (innerhalb der nächsten drei Schritte) wieder abspielen.

Nr.: 1-6	Angriff / Wurfserie	15	70

Aufbau:

- Mit je zwei Hütchen den Laufweg in der Acht markieren.
- Zwei weitere Hütchen für den Laufweg in der Folgeaktion aufstellen (s. Bild).

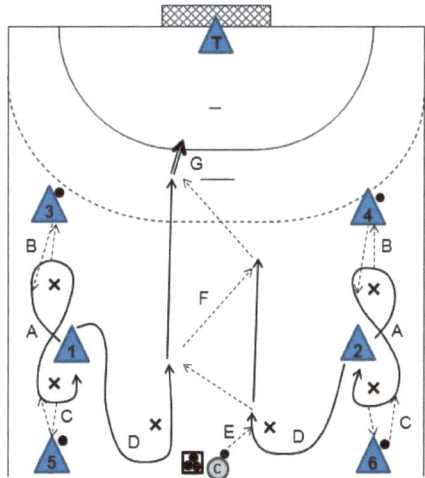

Ablauf:

- **1** und **2** starten gleichzeitig und laufen eine Acht um die zwei Hütchen (A).
- Dabei spielen sie abwechselnd Doppelpässe (B und C) mit den beiden Anspielern (**3** und **5** bzw. **4** und **6**).
- Auf Pfiff des Trainers laufen **1** und **2** ohne Ball um die hinteren Hütchen (D).
- Der Trainer passt einem der beiden Spieler den Ball (E) und **1** und **2** laufen weiter in Richtung Tor und passen sich dabei den Ball (F), bis sie mit Torwurf abschließen können (G).
- Gleich nach dem Pfiff des Trainers startet jeweils einer der beiden bisherigen Zuspieler mit dem Lauf in der Acht. Ein neuer Spieler besetzt die Zuspieler-Position, und der Ablauf beginnt von vorne.

⚠ Die Spieler sollen flüssig in der Acht laufen (A) und bei den Doppelpässen die Laufbewegung nicht unterbrechen.

⚠ Nach dem Kommando sollen die Spieler in höchstem Tempo um die Hütchen laufen (D) und die Pässe bis zum Torwurf spielen (E, F und G).

Nr.: 1-7	Angriff / Kleingruppe	10	80

Aufbau:

- Das Feld mit Hütchen längs in zwei Hälften teilen.
- 2er-Gruppen bilden; eine 2er-Gruppe (3 und 4) wartet an der Mittellinie.

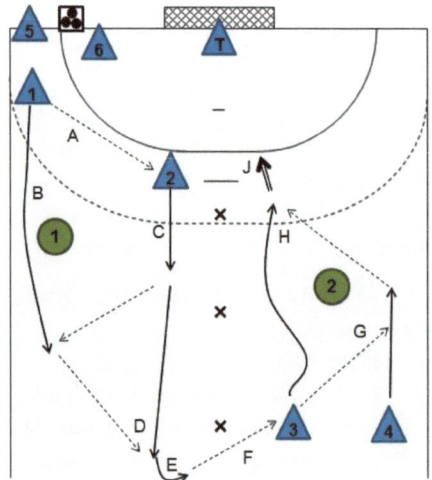

Ablauf:

- 1 und 2 versuchen durch Pässe (A und D) und geschicktes Laufen (B), den Ball an 1 vorbei zur Mittellinie zu transportieren.
- Dabei darf jeder Spieler einmal prellen (ein Bodenkontakt) (C).
- Sobald ein Spieler die Mittellinie mit dem Fuß berührt (E), spielt er den Ball zu der an der Mittellinie wartenden Gruppe (F).
- 3 und 4 versuchen durch Pässe (G) und geschicktes Laufen (H), an 2 vorbei und zum Torwurf (J) zu kommen.
- Dann starten 5 und 6 den Ablauf erneut; 1 und 2 postieren sich an der Mittellinie, 3 und 4 stellen sich an der Torauslinie an.

Für die Abwehrspieler:

1. Zu Beginn klemmen sich die Abwehrspieler je ein Leibchen unter jeden Arm, um die Bewegungsfreiheit einzuschränken (das Leibchen darf bei den Aktionen nicht herunterfallen).
2. Nur ein Leibchen unter einem Arm.
3. Jetzt agieren die Abwehrspieler ohne Beeinträchtigung.

⚠ Abwehrspieler regelmäßig wechseln.

| Nr.: 1-8 | Abschlussspiel | 10 | 90 |

Aufbau:

- Einen Korridor mit Hütchen abstecken; eine Ballkiste und leere Kisten wie im Bild aufstellen.

Ablauf:

- 1 und 2 spielen zusammen mit dem Torhüter gegen alle anderen Spieler, die in Dreiergruppen angreifen.
- Die erste 3er-Gruppe (1, 2 und 3) spielt im 3gegen2 gegen 1 und 2. Sie versucht, durch Pässe (A, B und D) und Freilaufen (C) zum Torabschluss zu kommen (E).
- Die Angreifer sollen nur prellen, wenn die Abwehr beide Mitspieler abdeckt.
- Wird der Angriff mit Tor abgeschlossen, dürfen die Angreifer den Ball in der äußeren Kiste ablegen (F). Bekommt die Abwehr den Ball, hält der Torwart oder macht der Angriff einen technischen Fehler, wird der Ball in die Kiste neben dem Tor gelegt.
- Danach startet die nächste 3er-Gruppe.
- Wer hat am Ende mehr Bälle gesammelt, der Angriff oder die Abwehr und der Torhüter?

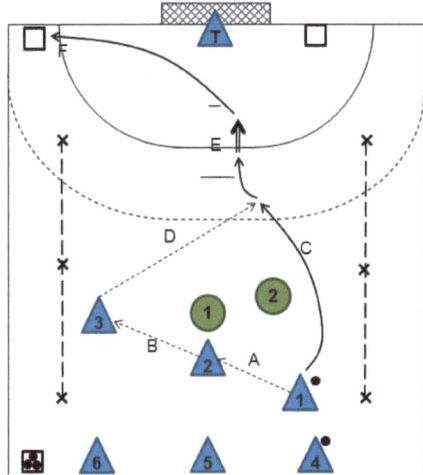

⚠ Die Abwehrspieler regelmäßig wechseln.

Notizen:

Nr.: 2	Erlernen und Verbessern der Wurfbewegung (TE 256)		☆	90

Startblock		Hauptblock			
X	Einlaufen / Dehnen		Angriff / Individuell		Sprungkraft
	Laufübung		Angriff / Kleingruppe	X	Wurfwettkampf
X	Kleines Spiel		Angriff / Team		Torhüter
	Koordination	X	Angriff / Wurfserie		
	Laufkoordination		Abwehr / Individuell		**Schlussblock**
	Kräftigung		Abwehr / Kleingruppe		Abschlussspiel
X	Ballgewöhnung		Abwehr / Team		Abschlusssprint
X	Torhüter einwerfen		Athletiktraining		
			Ausdauertraining		

☆:Einfache Anforderung (alle Jugend-Aktivenmannschaften)	☆ ☆: Mittlere Anforderung (geeignet ab C-Jugend bis Aktive)	☆ ☆ ☆: Höhere Anforderung (geeignet ab B-Jugend bis Aktive)	☆ ☆ ☆ ☆: Intensive Anforderung (geeignet für Leistungsbereiche)

Legende:

✗　　Hütchen

▲ 1　　Angreifer

● 1　　Abwehrspieler

▬　　Großer Turnkasten

▦　　Ballkiste

▭　　kleine Turnkiste

●　　Medizinball

◆　　großer Würfel

Benötigt:

→ 12 Hütchen, 6 kleine Turnkisten, 2 große Turnkästen, 4 Medizinbälle, 2 große Schaumstoffwürfel (alternativ kl. Würfel), 2 Ergebniskarten (s. u.), 2 Stifte, 2 Ballkisten mit ausreichend Bällen

Beschreibung:

Ziel der Trainingseinheit ist das Erlernen und Verbessern der richtigen Wurfausführung. Dabei wird das Werfen aus dem Stand und aus der Bewegung ohne Sprung trainiert, um den Fokus auf Arm und Körperbewegung zu legen. Nach der Erwärmung, die bereits Würfe beinhaltet, wird in zwei Übungen zur Ballgewöhnung die Aushol- und Wurfbewegung geübt und anschließend in einem Wettkampf mit Pässen kombiniert. In einem kleinen Spiel wird der Wurf dann aus der Spielsituation heraus angewendet, bevor nach dem Torhüter-Einwerfen in einer abschließenden Wurfserie der Wurf auf das Tor in den Vordergrund rückt.

Insgesamt besteht die Trainingseinheit aus folgenden Schwerpunkten:
- Einlaufen/Dehnen (Einzelübung: 15 Min. / Trainingsgesamtzeit: 15 Min.)
- Ballgewöhnung (10/25)
- Ballgewöhnung (10/35)
- Wurfwettkampf (15/50)
- Kleines Spiel (15/65)
- Torhüter einwerfen (10/75)
- Angriff/Wurfserie (15/90)

Gesamtzeit der Trainingseinheit: 90 Min.

Nr.: 2-1	Einlaufen/Dehnen	15	15

Ablauf 1:
- Jeder Spieler hat einen Ball. Die Spieler laufen in der Hallenhälfte durcheinander und prellen dabei ihren Ball.
- Auf Pfiff des Trainers bleibt jeder Spieler stehen, nimmt den Ball mit beiden Händen über den Kopf und prellt ihn fest auf den Boden, sodass er hoch in die Luft fliegt. Anschließend versuchen die Spieler, ihren Ball aus der Luft zu fangen, bevor er auf dem Boden aufprellt.

Ablauf 2:
- Die Spieler laufen wieder in der Hallenhälfte durcheinander. Auf Pfiff des Trainers laufen die Spieler in Richtung Hallenwand, werfen den Ball beidhändig an die Wand und versuchen ihn wieder zu fangen (eventuell nach einmaligem Aufprellen).

⚠ Darauf achten, dass die Spieler in beiden Abläufen den Ball so über Kopf halten, dass sie nicht aus dem Hohlkreuz werfen.

Ablauf 3:
- Die Spieler laufen wieder in der Hallenhälfte durcheinander. Auf Pfiff des Trainers laufen die Spieler in Richtung Hallenwand, werfen den Ball mit der Wurfhand an die Wand und versuchen, ihn wieder zu fangen (eventuell nach einmaligem Aufprellen).

Ablauf 4:
- Die Spieler laufen wieder in der Hallenhälfte durcheinander. Auf Pfiff des Trainers laufen die Spieler in Richtung Hallenwand, werfen den Ball mit der Nicht-Wurfhand an die Wand und versuchen, ihn wieder zu fangen (eventuell nach einmaligem Aufprellen).

⚠ Verschiedene Ziele (Basketball-Brett, Pfosten, Latte...) vorgeben, auf die geworfen werden muss.

Nr.: 2-2	Ballgewöhnung	10	25

Aufbau:

- Die Spieler gehen zu zweit zusammen, für jedes 2er-Team wird eine kleine Turnkiste mit einem Medizinball darauf als Ziel aufgestellt; zwei Hütchen markieren die Wurfentfernung.

Ablauf 1:

- ▲1 startet als Werfer, ▲2 als Zuspieler.

- ▲2 passt ▲1 insgesamt dreimal einen Ball (A).

- ▲1 holt aus, kontrolliert dabei die Ausholbewegung und wirft (B).

- Dabei versucht ▲1, den Medizinball zu treffen.
- Nach drei Würfen wechseln die Aufgaben.
- Die weiteren Gruppen führen den Ablauf gleichzeitig aus.
- Der Ablauf wiederholt sich viermal, sodass jeder Werfer 12 Würfe absolviert.

Ablauf 2:

- Der Grundablauf aus Ablauf 1 bleibt erhalten.
- Die Werfer werfen jetzt bei den drei Würfen einmal frontal von der Mitte (B), einmal vor dem linken Hütchen und einmal vor dem rechten Hütchen (C), sodass sich der Winkel ändert und der Abstand zum Ziel größer wird.

Bei der Wurfausführung auf folgende Punkte achten:

⚠ Der Rechtshänder läuft an und stemmt innerhalb von drei Schritten mit seinem linken Fuß ein, dabei zeigt die Fußspitze Richtung Ziel (Bild 1). Bei Linkshändern anders herum.

⚠ Hüfte und Oberkörper werden nach hinten aufgedreht. Der Oberarm und der Ellenbogen müssen sich auf einer Linie mit der Schulter befinden. (Bild 1).

⚠ In der Passbewegung bleibt der Ellenbogen oben. Die Hüfte und der Oberkörper rotieren nach vorne, dabei leitet die Hüfte die Rotation ein (Bild 2).

⚠ Der hintere Fuß wird mit nach vorne genommen und der Arm rotiert ebenfalls nach vorne (der Ellenbogen bleibt dabei oben), sodass ein gleichmäßiger Ablauf der Rotationen (Hüfte, Oberkörper und Arm) entsteht (Bild 3).

⚠ Der hintere Fuß läuft nach vorne, der Arm wird nach vorne geschwungen und am Ende wird der Ball durch das Nachklappen des Handgelenks auf das Ziel geworfen (Bild 4).

(Bild 1)

(Bild 2)

(Bild 3)

(Bild 4)

Nr.: 2-3	Ballgewöhnung	10	35

Aufbau:

- Zwei Mannschaften bilden, jede Mannschaft erhält eine Ergebniskarte und einen Stift (s. Bild).
- Für jede Mannschaft zwei Medizinbälle, zwei kleine Turnkisten und einen großen Turnkasten als Ziele aufbauen und mit Hütchen die Abwurflinie markieren (s. Bild).

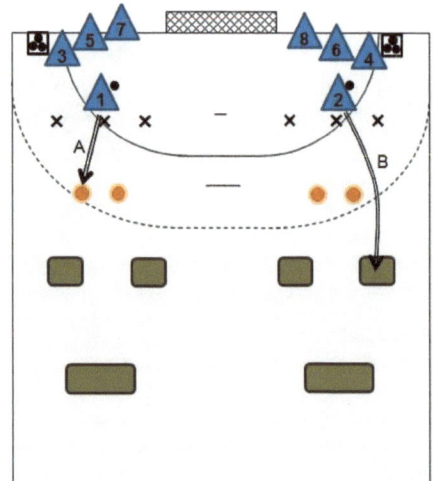

Ablauf:

- ▲1 und ▲2 starten mit Ball an der Abwurfmarke und werfen.
- Dabei versuchen sie, entweder einen Medizinball (A), eine kleine Kiste (B) oder den großen Turnkasten zu treffen.
- Gelingt ein Treffer, darf der entsprechende Posten auf der Ergebniskarte durchgestrichen werden (M bei Treffer des Medizinballs, K bei Treffer der kleinen Kiste, TK bei Treffer auf den Turnkasten).

Ergebniskarte: M = Medizinball, K = Kleine Kiste, TK = TurnKasten

	M	M	M
K	K	K	K
	TK	TK	TK

- Der Spieler, der geworfen hat, läuft zurück und schlägt den nächsten Spieler ab, der dann den nächsten Wurf absolviert.
- Medizinbälle dürfen nach einem Treffer wieder auf die ursprüngliche Position gelegt werden, wenn die Mannschaft das wünscht.
- Welche Mannschaft hat als erstes alle Ziele auf der Ergebniskarte getroffen (oder hat am Ende der Spielzeit die meisten Treffer auf der Ergebniskarte)?

⚠ Auf korrekte Ausführung der Wurfbewegung achten.

⚠ Die Spieler dürfen sich untereinander absprechen, wer auf welche Ziele wirft und so eine Strategie entwickeln.

Nr.: 2-4	Wurfwettkampf	15	50

Aufbau:

- Zwei Mannschaften bilden, für jede Mannschaft drei Turnkisten und Hütchen als Abwurflinie aufstellen(s. Bild).
- Jeweils auf die vorderste Turnkiste einen Medizinball legen, auf die mittlere einen Schaumstoffwürfel (falls nicht vorhanden ein Hütchen oder einen Medizinball), auf die hinterste Kiste ein Hütchen stellen.

Ablauf:

5 und 6 starten auf Kommando mit Pass zu 3 bzw. 4 (A).

- 3 und 4 passen zu 1 bzw. 2 (B).
- 1 und 2 werfen auf ein selbst gewähltes Ziel (C und D).
- Bei einem Treffer werden die folgenden Punkte erzielt:
  - o Medizinball 2 Punkte
  - o Würfel: Punkte entsprechend der Augenzahl nach dem Herunterwerfen
  - o Hütchen: 5 Punkte
- Die Punkte pro Mannschaft werden vom Trainer notiert, die getroffenen Ziele wieder auf die Turnkiste gelegt.
- Die Spieler laufen jeweils nach dem Pass auf die Position, zu der sie gepasst haben (E und F).
- 7 und 8 bringen jeweils den nächsten Ball ins Spiel.
- 1 und 2 stellen sich nach dem Wurf bei der Ballkiste an (G).
- Jeder Spieler wirft 5 (10) Mal. Es gewinnt die Mannschaft, die die meisten Punkte gesammelt hat.
- Eventuell eine zweite Spielrunde anschließen.

Variante:

- Das Spiel ist zeitlich begrenzt. Welche Mannschaft schafft in 5 (7) Minuten die meisten Punkte?

⚠ Auf die richtige Wurfbewegung bei Pass und Wurf achten und immer wieder korrigieren.

⚠ Den Mannschaften eventuell vor dem Spiel Zeit geben, eine Strategie zu besprechen.

⚠ Sollte kein Schaumstoffwürfel zur Verfügung stehen, kann stattdessen ein Hütchen oder ein Medizinball abgeworfen werden, und nach einem Treffer darf die Mannschaft mit einem kleinen Würfel die Punkte auswürfeln.

Nr.: 2-5	Kleines Spiel	15	65

Aufbau:

- Mit Hütchen ein Feld begrenzen.
- Zwei Mannschaften bilden und jede Mannschaft mit zwei unterschiedlichen Leibchenfarben kennzeichnen (im Bild spielt blau/rot gegen grün/orange).
- für jede Mannschaft als Ziele drei kleine Kisten aufstellen mit Hütchen bzw. Medizinbällen darauf (s. Bild).

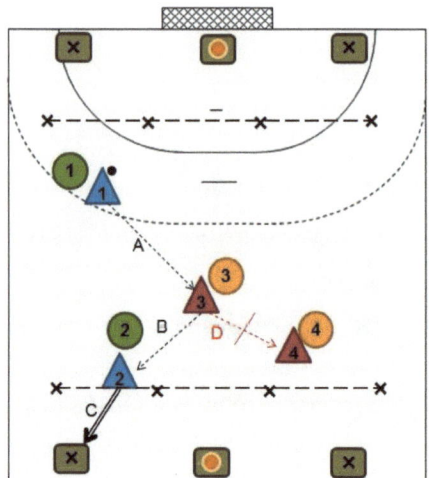

Ablauf:

- Die Mannschaft in Ballbesitz versucht durch schnelle Pässe (A und B) und geschicktes Laufen, einen Spieler in Wurfposition zu bringen (C).
- Dabei darf nur von einem Spieler mit einer Leibchenfarbe zu einem Mitspieler mit der anderen Leibchenfarbe gepasst werden (B, Pass von Rot zu Blau).
- Ein Pass zur gleichen Leibchenfarbe (D, von Rot zu Rot) ist nicht erlaubt.
- Wird ein nicht erlaubter Pass gespielt (D), wechselt der Ballbesitz.
- Wird ein Ziel getroffen, wird der Gegenstand nicht mehr auf die Kiste gelegt.
- Es gewinnt die Mannschaft, die zuerst alle Gegenstände von den Kisten geworfen hat (oder die in der gegebenen Zeit die meisten Gegenstände abgeworfen hat).

⚠ Die Spieler sollen erkennen, welche Mitspieler für einen Pass zur Verfügung stehen.

⚠ Die Mitspieler mit anderer Leibchenfarbe müssen viel laufen, um sich für einen Pass anzubieten.

Nr.: 2-6	Torhüter einwerfen	10	75

Aufbau:

- Mit Hütchen die Startpositionen markieren (s. Bild).

Ablauf:

- 5 passt zu 3 (A), 3 zu 1 (B), 1 wirft nach Vorgabe (Hände, hoch, tief) nach links (C).
- Wenn 3 den Ball zu 1 passt (B), passt 6 zu 4 (D); dann 4 zu 2 (E) und 2 wirft nach Vorgabe nach rechts (F).
- Die Spieler laufen nach dem Pass auf die Position, zu der sie gepasst haben (G und H).
- Die Werfer stellen sich mit einem neuen Ball aus der Ballkiste hinten an (J).

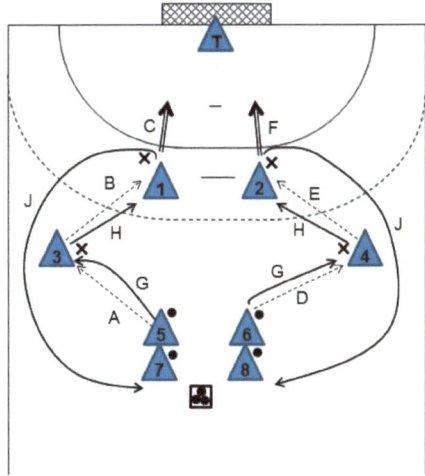

⚠ Den Ablauf so timen, dass für den Torhüter eine Serie entsteht.

Nr.: 2-7	Angriff / Wurfserie	15	90

Aufbau:

- Zwei Mannschaften bilden.
- Mit Hütchen die Anlaufwege in Richtung Tor markieren.
- Für die zweite Mannschaft ein Starthütchen aufstellen, die Abwurflinie markieren und zwei kleine Turnkisten mit Schaumstoffwürfeln (alternativ Medizinbällen) und einen großen Turnkasten mit Hütchen darauf aufstellen (s. Bild).

Ablauf Mannschaft 1:

- 1 startet ohne Ball im Bogen um

das erste hintere Hütchen (A), bekommt nach dem Hütchen von 3 den Ball gepasst (B), geht in Richtung Tor und wirft (C).

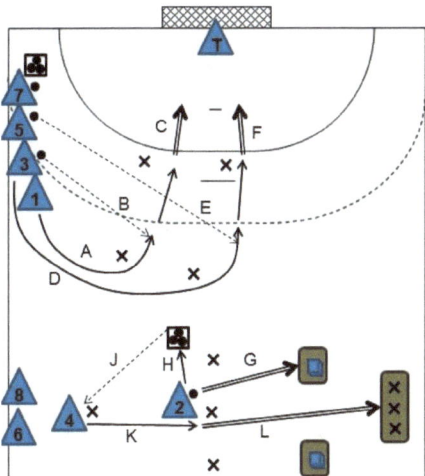

- Nach dem Wurf startet ▲3, umläuft das zweite hintere Hütchen (D), bekommt von ▲5 den Pass in den Lauf (E) und wirft (F).
- Dann startet ▲7 mit dem gleichen Ablauf und bekommt den Pass von ▲1 (nicht im Bild).
- Die Spieler sollen sich so anstellen, dass sie abwechselnd werfen und passen und auch beim Laufen zum Tor abwechselnd einmal den kurzen und einmal den langen Weg nehmen.

Ablauf Mannschaft 2:

- ▲2 startet an der Wurflinie und wirft auf eines der Ziele (G).
- Ein Treffer ergibt folgende Punkte:
  - o Wird der Würfel abgeworfen, erhält die Mannschaft die gezeigte Augenzahl nach dem Abwurf.
  - o Wird ein Hütchen auf dem großen Kasten getroffen, bekommt die Mannschaft 5 Punkte.
- Nach dem Wurf läuft ▲2 zur Ballkiste (H) und passt ▲4 einen Ball (J).
- ▲4 läuft zur Abwurflinie (K) und wirft (L).
- Usw.

Gesamtablauf:

- Mannschaft 2 darf so lange Punkte sammeln, bis Mannschaft 1 15 Tore erzielt hat.
- Dann ist Aufgabenwechsel.
- Welche Mannschaft hat am Ende mehr Punkte gesammelt?

⚠ Sollte kein Schaumstoffwürfel zur Verfügung stehen, kann stattdessen ein Hütchen oder ein Medizinball abgeworfen werden, und nach einem Treffer darf die Mannschaft mit einem kleinen Würfel die Punkte auswürfeln.

Notizen:

_____

_____

_____

_____

_____

_____

Nr.: 3	Verbesserung der Prelltechnik bei gleichzeitigem Beobachten der Spielsituation (TE 278)	☆	90

	Startblock		Hauptblock		
X	Einlaufen / Dehnen		Angriff / individuell		Sprungkraft
	Laufübung	X	Angriff / Kleingruppe	X	Sprintwettkampf
X	Kleines Spiel		Angriff / Team		Torhüter
	Koordination	X	Angriff / Wurfserie		
	Laufkoordination		Abwehr / Individuell		**Schlussblock**
	Kräftigung		Abwehr / Kleingruppe	X	Abschlussspiel
	Ballgewöhnung		Abwehr / Team		Abschlusssprint
X	Torhüter einwerfen		Athletiktraining		
			Ausdauertraining		

☆:Einfache Anforderung (alle Jugend-Aktivenmannschaften)	☆ ☆: Mittlere Anforderung (geeignet ab C-Jugend bis Aktive)	☆ ☆ ☆: Höhere Anforderung (geeignet ab B-Jugend bis Aktive)	☆ ☆ ☆ ☆: Intensive Anforderung (geeignet für Leistungsbereiche)

Legende:

✖   Hütchen

△1   Angreifer

●1   Abwehrspieler

▣   Ballkiste

▬   Turnbank

Benötigt:
➜ 16 Hütchen in zwei verschiedenen Farben,
4 Turnbänke, 4 Farbkarten in vier verschiedenen Farben,
4 Ballkisten mit ausreichend Bällen

Beschreibung:
Das Ziel der vorliegenden Trainingseinheit ist die Verbesserung der Prelltechnik mit Schwerpunkt auf dem gleichzeitigen Beobachten des Umfeldes. Bereits in der Erwärmung werden Bewegungen mit Prellen kombiniert, ein Sprintwettkampf und ein kleines Spiel trainieren das Prellen mit erhöhter Geschwindigkeit. Nach dem Torhüter-Einwerfen wird in einer Wurfserie mit koordinativen Zusatzaufgaben das gleichzeitige Beobachten von Signalen ergänzt. Die darauffolgende Kleingruppenübung fordert beim Prellen die Beobachtung des Spielgeschehens. In einem Abschlussspiel kann das Erlernte angewendet werden.

Insgesamt besteht die Trainingseinheit aus folgenden Schwerpunkten:
- Einlaufen/Dehnen (Einzelübung: 15 Min. / Trainingsgesamtzeit: 15 Min.)
- Sprintwettkampf (10/25)
- Kleines Spiel (15/40)
- Torhüter einwerfen (10/50)
- Angriff/Wurfserie (10/60)
- Angriff/Kleingruppe (15/75)
- Abschlussspiel (15/90)

Gesamtzeit der Trainingseinheit: 90 Min.

Nr.: 3-1	Einlaufen/Dehnen	15	15

Aufbau:

- Zwei Gruppen bilden, für jede Gruppe mit Hütchen eine Slalomstrecke wie im Bild abgebildet aufstellen.

Ablauf 1:

- △1 und △1 starten und prellen mit Ball im Slalom durch die Hütchen (A). Dabei wird ein Handwechsel durchgeführt, sodass der Ball immer im größtmöglichen Abstand zu den Hütchen geprellt wird.

- Nach dem Slalom laufen △1 und △1 um die äußeren beiden Hütchen zurück (B) und starten erneut, wenn sie wieder an der Reihe sind.

- Der jeweils nächste Spieler startet, wenn △1 und △1 am dritten Hütchen vorbeigelaufen sind.

- Jeder Spieler durchläuft den Slalom dreimal, dann werden die Vorgaben geändert.

- Aufgaben in weiteren Durchgängen:
  - Durchprellen des Slaloms im Hopserlauf.
  - Durchprellen des Slaloms im Sidestep.
  - Durchprellen des Slaloms und dabei rückwärts laufen.

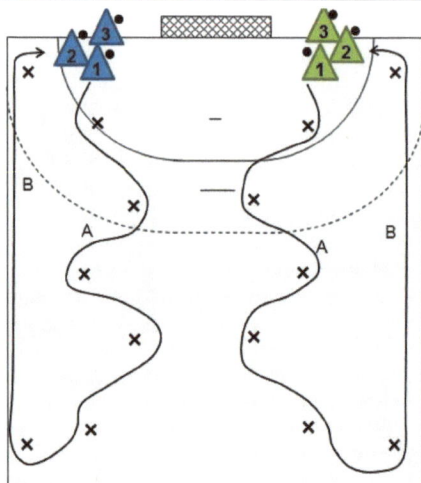

Ablauf 2:

- △1 und △1 starten auf Kommando gleichzeitig und prellen mit Ball im Slalom durch die Hütchen (C). Dabei wird ein Handwechsel durchgeführt, sodass der Ball immer im größtmöglichen Abstand zu den Hütchen geprellt wird.

- Pfeift der Trainer, wechseln △1 und △1 sofort prellend auf die andere Seite (D) und beenden den Slalom in der anderen Hütchenreihe (E).

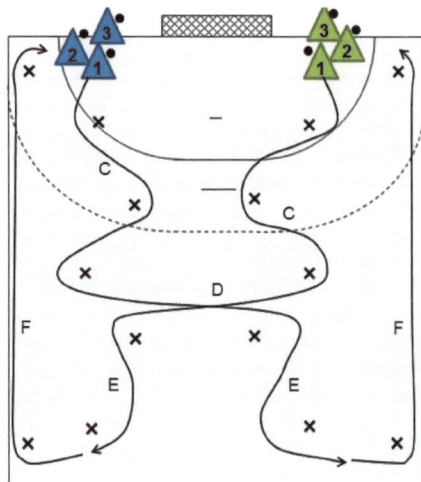

- Nach dem Slalom laufen ▲1 und ▲1 um die äußeren Hütchen zurück und stellen sich wieder an.
- Der Trainer gibt das Startkommando für die nächsten beiden Spieler und der Ablauf wiederholt sich.

Gemeinsam in der Gruppe dehnen/mobilisieren.

⚠ In beiden Abläufen auf eine saubere Prelltechnik und den korrekten Handwechsel achten (nicht schaufeln/den Ball nicht kurzzeitig beim Richtungswechsel festhalten).

⚠ In Ablauf 2 sollen die Spieler die Hütchen zügig durchprellen und beim Pfiff schnell die Seite wechseln, dabei jedoch das Prellen nicht unterbrechen.

Nr.: 3-2	Sprintwettkampf	10	25

Aufbau:
- Zwei Mannschaften bilden, für jede Mannschaft mit Hütchen in zwei verschiedenen Farben eine Slalomstrecke wie im Bild abgebildet aufstellen.

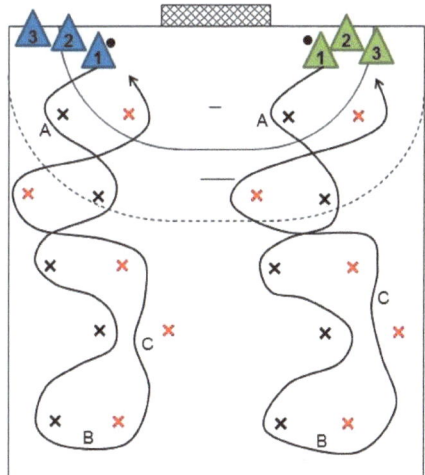

Ablauf 1:
- ▲1 und ▲1 starten auf Kommando gleichzeitig und prellen auf dem Hinweg mit Ball im Slalom durch die schwarzen Hütchen (A). Dabei wird ein Handwechsel durchgeführt, sodass der Ball immer im größtmöglichen Abstand zu den Hütchen geprellt wird.
- Am Ende drehen die Spieler um (B) und durchlaufen auf dem Rückweg die roten Hütchen im Slalom (C).
- Dann übergeben sie den Ball an den zweiten Spieler, der ebenfalls beide Hütchenfarben im Slalom durchläuft usw.
- Jeder Spieler läuft zweimal. Die Mannschaft, die den Ablauf schneller absolviert, gewinnt einen Punkt.
- Welche Mannschaft hat nach drei Durchläufen mehr Punkte?

Ablauf 2:

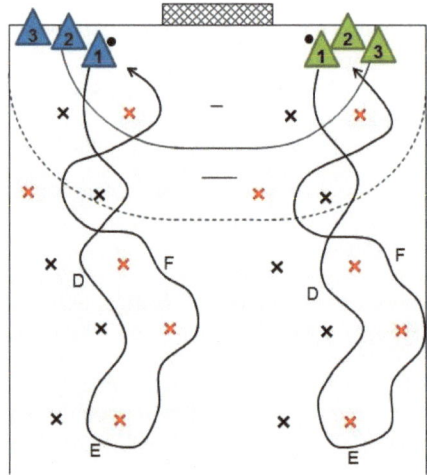

- ▲1 und ▲1 starten auf Kommando gleichzeitig und prellen mit Ball. Dieses Mal wird der Parcours so durchlaufen, dass alle schwarzen Hütchen neben der rechten Hand des Spielers liegen (D) – es wird somit mit links geprellt.

- Am Ende drehen die Spieler um (E) und durchlaufen auf dem Rückweg den Parcours so, dass alle roten Hütchen links vom Spieler liegen (F) – es wird somit mit rechts geprellt.

- Dann übergeben sie den Ball an den zweiten Spieler, der nach den gleichen Regeln die Hütchen umläuft usw.

- Jeder Spieler läuft zweimal. Die Mannschaft, die den Ablauf schneller absolviert, gewinnt einen Punkt.

- Welche Mannschaft hat nach drei Durchläufen mehr Punkte?

Nr.: 3-3	Kleines Spiel	15	40

Aufbau:

- Das Feld mit vier Turnbänken in vier Viertel teilen.
- Vier Mannschaften bilden, jeder Mannschaft in einem Viertel eine Ballkiste zuordnen (jeweils gleiche Anzahl Bälle).
- Der Trainer hat drei Farbkarten, jeder Farbe wird eine Laufrichtung (rechts, links, diagonal) zugeordnet.

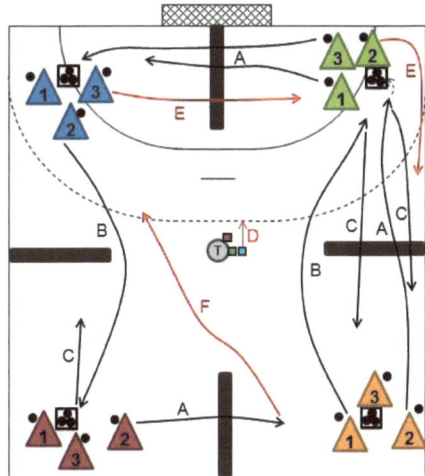

Ablauf:

- Auf Pfiff des Trainers beginnt jede Mannschaft damit, Bälle aus ihrer eigenen Kiste aufzunehmen und in die Kisten der anderen Mannschaften zu transportieren (A).
- Dabei bestimmt die vom Trainer hochgehobene Karte die Laufrichtung (im Bsp. wird Rot gezeigt, die Spieler transportieren die Bälle in die Ballkiste des jeweils rechten Nachbarn).
- Jedem Spieler ist es überlassen, ob er prellend die Bank überquert (A) oder um die Bank herumläuft (B).
- Ist ein Ball in der Zielkiste abgelegt, laufen die Spieler über die Bank zurück (C) und holen den nächsten Ball.
- Während des Spielverlaufs kann der Trainer die gezeigte Farbe wechseln (im Beispiel wird blau anstatt rot hochgehoben (D)).
- Die Spieler ändern so schnell wie möglich die Spielrichtung und transportieren den Ball jetzt zum jeweils linken Nachbarn (E).
- Spieler, die ihr eigenes Viertel schon verlassen haben, dürfen auch abkürzen (F).
- Wird die dritte Farbe (hier grün) gezeigt, laufen die Spieler zur diagonalen Kiste. Die Bänke werden dann nicht überlaufen, allerdings muss auf den Gegenverkehr geachtet werden.
- Nach ca. 3-4 Minuten wird gezählt, welche Mannschaft die wenigsten Bälle in der eigenen Kiste hat – diese Mannschaft gewinnt einen Punkt. Die Mannschaft mit den meisten Bällen erhält einen Minuspunkt.
- Welche Mannschaft hat nach drei (vier) Runden die meisten Punkte?

⚠ Die Spieler müssen immer wieder beim Prellen, spätestens vor dem Ablegen in einer Kiste, zum Trainer schauen, ob die Spielrichtung sich geändert hat und ob sie noch zum richtigen Ziel unterwegs sind.

⚠ Der Trainer muss darauf achten, dass keine Bälle ins falsche Ziel gelegt werden.

| Nr.: 3-4 | Torhüter einwerfen | 10 | 50 |

Aufbau:
- Ballkisten, Hütchen und Turnbänke wie im Bild aufstellen.

Ablauf:

- 1 wirft nach Vorgabe (Hände, hoch, halbhoch, tief) nach links (A), etwas zeitversetzt wirft 2 nach Vorgabe nach rechts (B), usw., sodass für den Torhüter eine Serie entsteht.
- Nach dem Wurf laufen die Spieler zur Ballkiste, holen einen neuen Ball (C), umlaufen die schwarzen Hütchen im Slalom (D), überlaufen prellend die Bank nach Vorgabe (E), umrunden einmal komplett das rote Hütchen (F) und stellen sich an der anderen Seite wieder an (G).

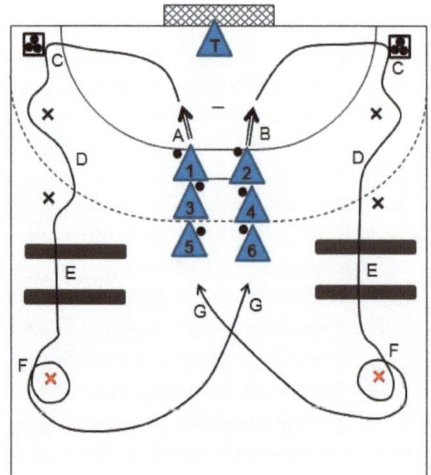

Vorgaben für das Überlaufen der Bänke:
- Mit dem Fuß auf die Bank steigen und dabei einmal auf der Bank prellen.
- Mit dem Fuß auf die Bank steigen und dabei nur auf dem Boden prellen.
- Mit dem Ball einmal auf die Bank prellen, mit den Füßen über die Bank steigen/springen.
- Die Bank wird übersprungen, weder die Füße noch der Ball berühren die Bänke.

⚠ Beim Prellen auf saubere Durchführung achten, die Geschwindigkeit erst nach und nach steigern. Die Spieler sollen den Ball möglichst nicht aufnehmen, sondern durchgängig prellen.

Nr.: 3-5	Angriff / Wurfserie	10	60

Aufbau:

- Der Trainer steht hinter/neben dem Tor und hat vier Farbkarten, jeder Farbe wird eine Ecke des Tores zugeordnet.

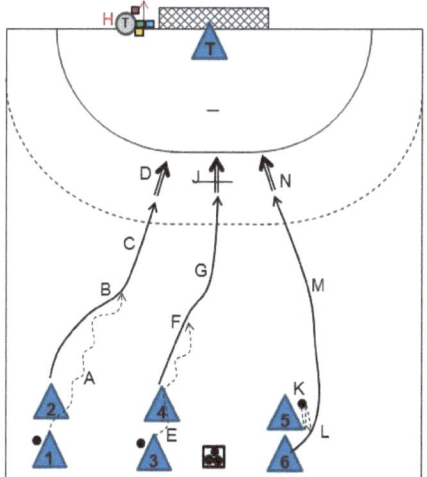

Ablauf 1:

- ▲2 steht mit Blickrichtung zu ▲1 mit dem Rücken zum Tor.

- ▲1 prellt den Ball neben ▲2 auf, sodass der Ball in Richtung Tor weiterprellt (A).

- ▲2 dreht sich um, läuft dem Ball hinterher und versucht, den Ball direkt weiter zu prellen (ohne vorherige Aufnahme mit beiden Händen) (B, C).

- ▲2 schließt mit Torwurf ab (D).

- Danach folgen die weiteren 2er-Teams; im zweiten Durchgang werden die Aufgaben getauscht.

Ablauf 2:

- ▲4 steht vor ▲3 mit Blickrichtung Tor.

- ▲3 prellt den Ball durch die Beine von ▲4 (E), ▲4 folgt dem Ball, prellt ihn hoch, ohne ihn mit beiden Händen zu greifen (F) und prellt dann weiter in Richtung Tor (G).

- Während des Prellens in Richtung Tor (G), hält der Trainer eine Farbkarte hoch (H), ▲4 wirft in die der Farbe entsprechende Ecke (J).

- Danach folgen die weiteren 2er-Teams; im zweiten Durchgang werden die Aufgaben getauscht.

Ablauf 3:

- ▲5 steht vor ▲6 mit Blickrichtung zu ▲6 und prellt einen Ball (K).

- ▲6 prellt diesen Ball heraus (L) und prellt dann weiter in Richtung Tor (M).

- Während des Prellens in Richtung Tor (M), hält der Trainer eine Farbkarte hoch (H), ▲6 wirft in die der Farbe entsprechende Ecke (N).

- Danach folgen die weiteren 2er-Teams; im zweiten Durchgang werden die Aufgaben getauscht.

⚠ Die Spieler sollen während des Prellens zum Trainer schauen, um die Farbe für das Wurfziel schnellstmöglich zu erkennen und dabei das Prellen nicht verlangsamen.

Nr.: 3-6	Angriff / Kleingruppe	15	75

Aufbau:
- Hütchen wie im Bild aufstellen.

Ablauf 1 (Bild1):
- ▲1 startet mit Ball, prellt um das hintere Hütchen (A) und in die von Hütchen begrenzte Gasse (B).
- Beim Einbiegen in die Gasse starten ▲2 und ▲3 am letzten Hütchen der Gasse und laufen etwas vor ▲1 mit (C).
- Irgendwann hebt einer der beiden Spieler (▲2 oder ▲3) die Hand.
- ▲1 passt so schnell wie möglich (D) zu diesem Spieler (im Bild ▲3). Dieser prellt in Richtung Tor (E) und wirft (F).
- Hebt kein Spieler die Hand, prellt ▲1 bis zum Kreis (G) und wirft selbst (H); heben beide die Hand, wählt ▲1 den Pass aus.
- ▲3 stellt sich nach dem Wurf auf der Außenposition an, ▲2 geht zurück auf seine Startposition (J), ▲1 nimmt die frei gewordene Position ein (K).
- Danach startet ▲4 den Ablauf von der anderen Seite.

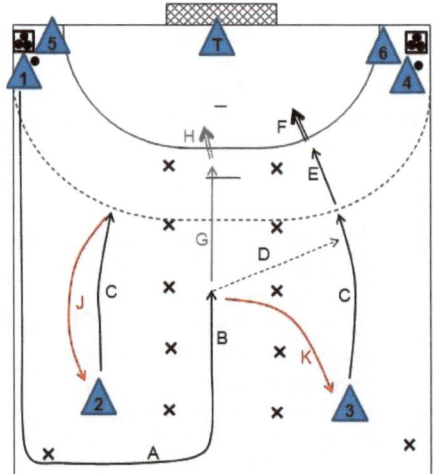

Ablauf 2 (Bild 2):
- ●1 und ●2 spielen in der Abwehr, in der Ausgangsstellung vor ▲2 und ▲3.
- Der grundsätzliche Ablauf bleibt erhalten (A, B und C), allerdings heben ▲2 und ▲3 nicht mehr die Hand als Signal zum Anspiel, sondern ▲1 reagiert entsprechend der Bewegung der Abwehrspieler.
- Kommt kein Abwehrspieler in den Korridor, prellt ▲1 bis zum Kreis (D) und wirft (E).

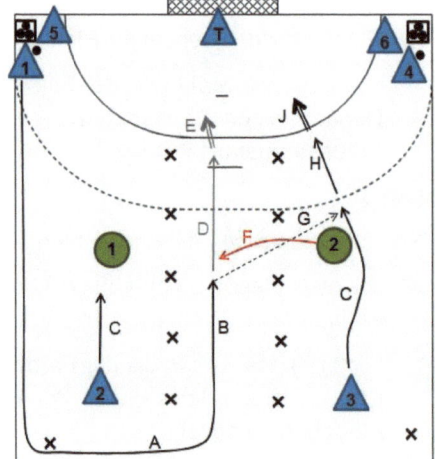

- Bewegt sich ein Abwehrspieler auf **1** zu (F), passt **1** zum entsprechend freien Mitspieler (G), der mit Wurf abschließt (H und J).

⚠ Die Spieler sollen während des Prellens die Situation erkennen und entweder aufgrund der Handzeichen oder aufgrund der Abwehrbewegung den entsprechenden Pass spielen.

⚠ Die Abwehrspieler in Ablauf 2 regelmäßig wechseln.

Nr.: 3-7	Abschlussspiel	15	90

Aufbau:
- Hütchen wie im Bild aufstellen.
- Zwei Mannschaften bilden.

Ablauf:

- **1** startet mit Ball, prellt um das hintere Hütchen (A) und dann durch die beiden Hütchen in der Mitte (B).

- Ab diesem Zeitpunkt spielen **1**, **3** und **5** im freien Spiel 3gegen2 gegen **2** und **4** (C, D und E) bis zum Torwurf oder Ballgewinn durch die Abwehr.

- Nach dem Angriff bleiben die beiden Spieler des blauen Teams, die nicht geworfen (bzw. den Ball verloren) haben, in der Abwehr; der Werfer (dritter Angreifer) stellt sich hinter **7** an.

- **2** und **4** laufen zu den hinteren Hütchen und starten den nächsten Angriff für das grüne Team zusammen mit **6**, der mit Ball um das hintere Hütchen (F) und dann durch die Hütchen in der Mitte prellt, um den Angriff einzuleiten.

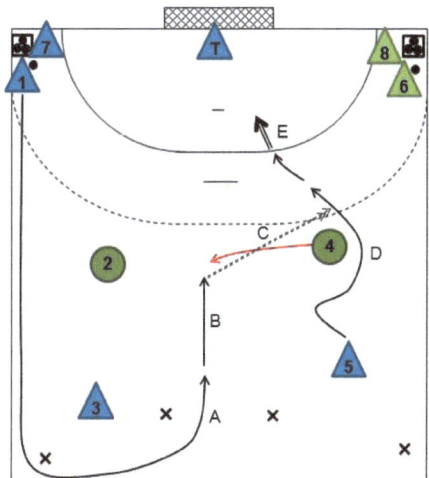

- Dann spielen ▲2, ▲4 und ▲6 frei im 3gegen2 bis zum Torabschluss oder bis zu einem Ballgewinn durch die Abwehr (G bis L).
- Welche Mannschaft erzielt mehr Tore?

⚠ Gewinnt die Abwehr einen Ball, wird der Ball zum Torhüter gepasst, der ihn wiederum zu den anstehenden Spielern passt. Der Angriff startet immer mit dem Anprellen des Angreifers auf der Außenposition.

Notizen:

_____

_____

_____

_____

_____

_____

_____

_____

Nr.: 4	Freilaufen in der Manndeckung mit Hilfe von Lauftäuschungen (TE 226)		★	90
Startblock	**Hauptblock**			
X Einlaufen / Dehnen	X Angriff / Individuell		Sprungkraft	
Laufübung	X Angriff / Kleingruppe	X Sprintwettkampf		
X Kleines Spiel	Angriff / Team		Torhüter	
Koordination	Angriff / Wurfserie			
Laufkoordination	Abwehr / Individuell		**Schlussblock**	
Kräftigung	Abwehr / Kleingruppe	X Abschlussspiel		
Ballgewöhnung	Abwehr / Team		Abschlusssprint	
X Torhüter einwerfen	Athletiktraining			
	Ausdauertraining			

★ :Einfache Anforderung (alle Jugend-Aktivenmannschaften)	★ ★ : Mittlere Anforderung (geeignet ab C-Jugend bis Aktive)	★ ★ ★ : Höhere Anforderung (geeignet ab B-Jugend bis Aktive)	★ ★ ★ ★ : Intensive Anforderung (geeignet für Leistungsbereiche)

Legende:

✘   Hütchen

△1   Angreifer

●1   Abwehrspieler

▣   Ballkiste

Benötigt:
→ 16 Hütchen, 1 Ballkiste mit ausreichend Bällen, DIN-A4-Plakate mit aufgemalten Formen

Beschreibung:
Das Freilaufen ohne Ball gegen die offene Manndeckung mit Hilfe von Lauftäuschungen ist Thema der vorliegenden Trainingseinheit. Nach der Erwärmung, einem Sprintwettkampf mit Richtungswechseln und einer Parteiballvariante, werden im Torhüter-Einwerfen noch einmal schnelle Richtungswechsel geübt. Im Anschluss folgt eine individuelle Angriffsübung zum Freilaufen über Lauftäuschungen. Das Thema wird in zwei Kleingruppenübungen vertieft, bevor zum Abschluss das Gelernte im freien Spiel angewendet werden kann.

Insgesamt besteht die Trainingseinheit aus folgenden Schwerpunkten:
- Einlaufen/Dehnen (Einzelübung: 10 Min. / Trainingsgesamtzeit: 10 Min.)
- Sprintwettkampf (10/20)
- Kleines Spiel (10/30)
- Torhüter einwerfen (10/40)
- Angriff individuell (15/55)
- Angriff Kleingruppe (10/65)
- Angriff Kleingruppe (15/80)
- Abschlussspiel (10/90)

Gesamtzeit der Trainingseinheit: 90 Min.

Nr.: 4-1	Einlaufen/Dehnen	10	10

Ablauf:
- Jeder Spieler hat einen Ball.
- Die Spieler führen innerhalb des 9-Meter-Raums verschiedene vom Trainer vorgegebene Übungen durch (Prellen mit der Wurfhand/der Nicht-Wurfhand; Prellen mit beiden Händen abwechselnd; Prellen durch die Beine; Prellen, Hinsetzen und Aufstehen).
- Nach 1–2 Minuten hält der Trainer ein DIN-A4-Blatt hoch, auf dem eine Form aufgemalt ist (ein Kreis, ein Quadrat, ein Rechteck, eine Schlangenlinie, eine Zickzacklinie wie im Buchstaben Z, zwei parallele Linien o. ä.).
- Sobald die Spieler die Form auf dem Blatt erkennen, sollen sie gemeinsam mit ihren Körpern diese Form auf dem Boden liegend einnehmen. Dabei wird durchgängig weitergeprellt.
- Wurde die Form korrekt nachgestellt, starten die Spieler im 9-Meter-Raum mit der nächsten Übungsvorgabe.

Nr.: 4-2	Sprintwettkampf	10	20

Aufbau:
- Zwei Mannschaften bilden.
- Je 5–6 Hütchen versetzt pro Mannschaft aufstellen (siehe Bild).

Ablauf:
- Die Hütchen werden mit den Zahlen 1–5 durchnummeriert.
- Als Kommando für **1** und **2** nennt der Trainer drei Nummern (z. B. 1-4-5).
- **1** und **2** sprinten zu den Hütchen (A), umrunden die drei genannten Hütchen (B,C und D) und berühren sie jeweils mit der inneren Hand (1 (B) und 5 (D) mit links, 4 (C) mit rechts).
- Danach sprinten **1** und **2** zurück und klatschen mit dem nächsten Spieler ab (E).
- Der Spieler, der früher abklatscht, gewinnt für die Mannschaft einen Punkt.
- Dann gibt der Trainer das nächste Kommando, und **3** und **4** starten.
- Usw.

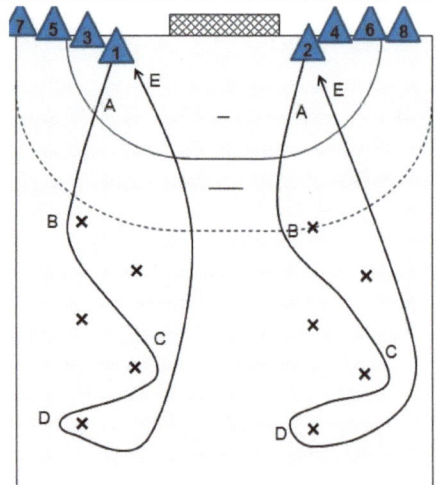

⚠ Beim Nennen der Zahlen darauf achten, dass die Zahlenfolge möglichst viele Richtungswechsel bedingt (abwechselnd gerade und ungerade Zahlen nennen).

Nr.: 4-3	Kleines Spiel	10	30

Aufbau:
- Mit Hütchen das Spielfeld in zwei Felder teilen (siehe Bild).

Ablauf:
- Zwei Mannschaften spielen Parteiball in einem der beiden Felder.
- Dabei versucht die Mannschaft in Ballbesitz, 10 Pässe in Folge zu passen, (A–D), ohne dass die abwehrende Mannschaft in Ballbesitz kommt.
- Pfeift der Trainer einmal, muss der nächste Pass in das andere Feld erfolgen (F). Die Spieler wechseln dafür ins andere Feld (E).
- Anschließend wird bis zum nächsten Pfiff in diesem Feld weitergespielt, beim Pfiff wird wieder gewechselt, usw.
- Gelingen einer Mannschaft 10 Pässe, macht die andere Mannschaft eine kurze Zusatzaufgabe (Hampelmänner, Liegestützen, Sprünge o. ä.).
- Dann startet der Ablauf erneut mit Ballbesitz für die bisher abwehrende Mannschaft.

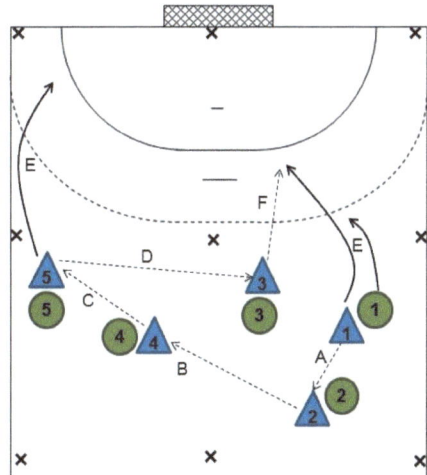

⚠ Die Abwehr spielt eine enge Manndeckung; der Angriff muss geschickt laufen, um die 10 Pässe am Stück zu schaffen.

⚠ Beim Pfiff sollen Abwehr und Angriff sofort reagieren und ins andere Feld wechseln.

Nr.: 4-4	Torhüter einwerfen	10	40

Aufbau:

- Mit Hütchen auf beiden Seiten des Feldes versetzte Hütchentore mit variierenden Abständen aufstellen.

Ablauf:

- 1 startet mit Ball Richtung Tor (A) und wirft nach Vorgabe (Hände, hoch, tief) nach links (B).

- Etwas zeitversetzt startet 2 (C) und wirft nach Vorgabe nach rechts (D).

- Nach dem Wurf läuft 1 nach links weg und durchläuft so schnell wie möglich (E) mit schnellen Richtungswechseln die Hütchentore (F).

- 2 läuft nach dem Wurf nach rechts (G) und durchsprintet die Hütchentore auf der rechten Seite.

- Die Spieler stellen sich mit einem neuen Ball auf der anderen Seite wieder an, sodass für den Torhüter eine lange Serie entsteht.

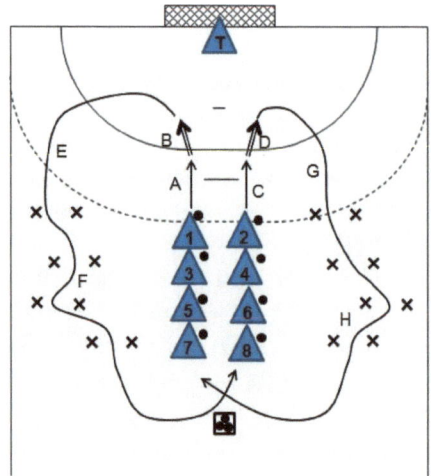

⚠ Die Würfe so timen, dass für den Torhüter eine Serie entsteht.

⚠ Den Sprint durch die Hütchen so schnell wie möglich absolvieren.

Nr.: 4-5	Angriff / Individuell	15	55

Aufbau:

- Mit Hütchen einen Korridor markieren, diesen noch einmal in zwei Zonen unterteilen.

Ablauf:

- 1 passt zu 2 (A), läuft dann in die erste Zone und versucht, mit Lauftäuschungen an 1 vorbeizukommen (B).

- Sobald 1 wieder anspielbar ist, passt 2 den Ball wieder zu 1 (C) und läuft weiter in Richtung Tor (D).

- Vor der zweiten Zone passt 1 wieder zu 2 (E) und versucht dann, wieder mit Hilfe von Lauftäuschungen (F), an 2 vorbeizukommen.

- Sobald 1 die zweite Zone in Richtung Tor verlässt, passt 2 ihm den Ball (G) und 1 wirft (H).

- Dann starten 3 und 4 mit dem gleichen Ablauf.

- 2 stellt sich mit Ball in der Mitte an, 1 wird zum Anspieler.

- Die Anspieler sollen abwechselnd auf der linken und rechten Seite des Korridors mitlaufen.

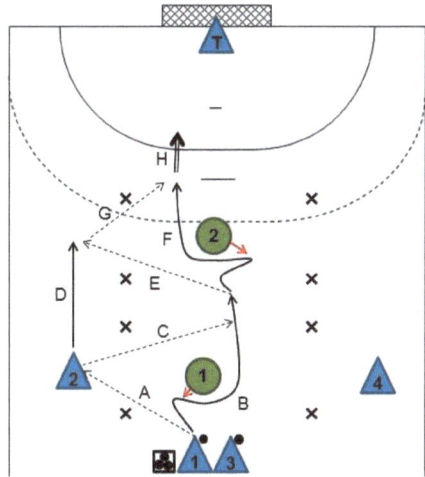

⚠️ Die Spieler sollen nach dem Pass zum Anspieler versuchen, den Abwehrspieler mittels einer Lauftäuschung in eine Richtung zu locken und so zügig die Zone durchqueren.

⚠️ Die Anspieler laufen mit und postieren sich immer optimal für einen Pass.

Nr.: 4-6	Angriff / Kleingruppe	10	65

Aufbau:

- Ein Hütchentor etwa 1 Meter vor der Mittellinie aufstellen, ein weiteres Hütchen davor positionieren, mit zwei weiteren Hütchen an der 7-Meter-Linie die Wurfzonen für die Rückraumspieler begrenzen (s. Bild).

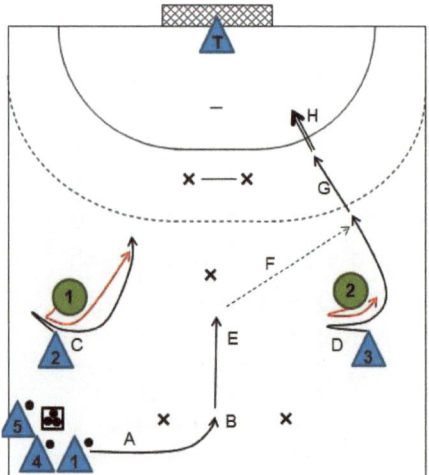

Ablauf:

- 1 prellt mit Ball an (A) und durchläuft das Hütchentor an der Mittellinie (B).

- Sobald 1 das Hütchentor erreicht hat, dürfen 2 und 3 versuchen, sich aus der Manndeckung durch 1 und 2 freizulaufen (C und D) und für einen Pass anzubieten. Dabei bleiben 2 und 3 in ihrem durch die Hütchen begrenzten Korridor.

- 1 prellt weiter in Richtung des Hütchens in der Mitte (E).

- Sobald ein Mitspieler es geschafft hat, sich freizulaufen, nimmt 1 den Ball auf und passt zum freien Mitspieler (F) (im Beispiel 3).

- 3 zieht weiter Richtung Tor (G) und wirft (H).

- Spätestens beim Hütchen muss 1 den Ball aufnehmen. 2 und 3 haben dann noch 3 Sekunden Zeit, sich für einen Pass anzubieten.

- Der Spieler, der geworfen hat (hier 3) stellt sich nach dem Wurf mit Ball hinter 5 an, 1 übernimmt dessen Position.

⚠️ 1 soll bereits beim Prellen zum Hütchen (E) die Mitspieler beobachten, sodass er direkt passen kann, sobald es 2 oder 3 gelingt, sich freizulaufen.

⚠️ 2 und 3 sollen mit Lauftäuschungen arbeiten, das richtige Timing finden und sich für 1 zum Pass anbieten.

⚠️ Die Abwehrspieler regelmäßig wechseln.

Nr.: 4-7	Angriff / Kleingruppe	15	80

Aufbau:

- Ein Hütchentor etwa 1 Meter vor der Mittellinie aufstellen.

Ablauf:

- 1 prellt mit Ball an und durchläuft prellend das Hütchentor an der Mittellinie (A).

- 3 startet zunächst am 9-Meter-Kreis. Sobald 1 am Hütchentor ist, darf 3 ihm entgegengehen (B).

- 1, 2 und 3 spielen ab dann frei im 3gegen3 gegen die offensive Manndeckung durch 1, 2 und 3 bis zum Torabschluss (H), oder bis die Abwehr den Ball gewinnt.

- 1 läuft so lange in Richtung Tor (E), bis 3 ihn zur Ballaufnahme zwingt oder bis sich 2 oder 3 freigelaufen haben (C und D).

- 1 passt zum freien Mitspieler und versucht anschließend selbst, sich freizulaufen (G) und anzubieten.

- Kommt es zum Torwurf, stellt sich der Spieler, der geworfen hat mit Ball wieder hinter 5 an, die anderen beiden Spieler nehmen die Ausgangspositionen bei 1 und 2 ein, und 4 startet den Ablauf erneut.

- Kommt es nicht zum Torwurf, stellt sich der Angreifer, der als letztes den Ball hatte, hinter 5 an.

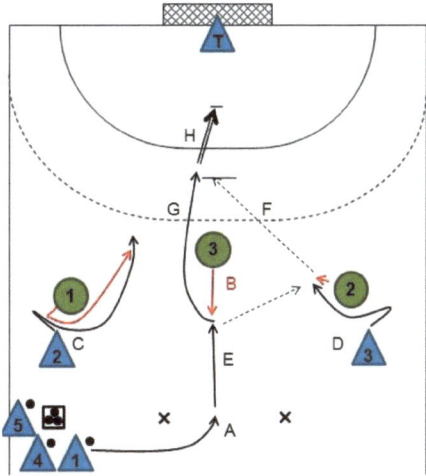

⚠ Der Ballhalter soll die Mitspieler beobachten, sodass er direkt passen kann, sobald es einem Spieler gelingt, sich mit Stellungsvorteil zum Tor freizulaufen.

⚠ Die Spieler ohne Ball sollen mit Lauftäuschungen arbeiten, um die Abwehrspieler zu überlaufen.

⚠ Die Abwehrspieler regelmäßig wechseln.

| Nr.: 4-8 | Abschlussspiel | 10 | 90 |

Aufbau:

- Zwei Mannschaften bilden, die auf jeder Spielfeldhälfte im 3gegen3 gegeneinander spielen.
- Die Mittellinie teilt das Spielfeld, die sechs Spieler bleiben jeweils in ihrer Spielfeldhälfte. Ein Überlaufen der Mittellinie ist nicht erlaubt (A).

Ablauf:

- Die Spieler der angreifenden Mannschaft sollen sich durch permanentes Freilaufen (B) für ein Anspiel anbieten (C).
- Fällt ein Tor, erfolgt der Anwurf direkt vom Torhüter (D).

- Nach ein paar Minuten die Spielfelder tauschen.

Variationen:

- Anzahl der zugelassenen Pässe je Spielfeldhälfte begrenzen.

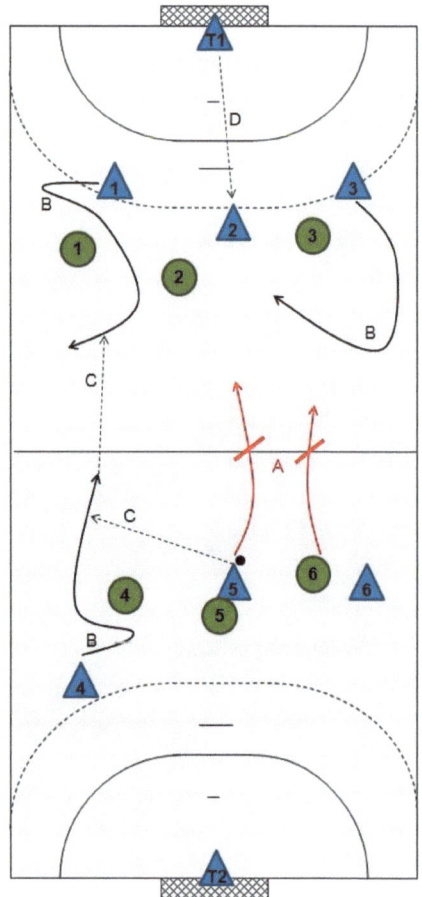

Notizen:

_____

_____

_____

_____

_____

Nr.: 5	Erarbeiten von Spielvorteilen durch Passtäuschungen (TE 216)		☆	90

Startblock		Hauptblock			
X	Einlaufen/Dehnen	X	Angriff/Individuell		Sprungkraft
	Laufübung	X	Angriff/Kleingruppe		Sprintwettkampf
X	Kleines Spiel		Angriff/Team		Torhüter
	Koordination	X	Angriff/Wurfserie		
	Laufkoordination		Abwehr/Individuell		**Schlussblock**
	Kräftigung		Abwehr/Kleingruppe	X	Abschlussspiel
X	Ballgewöhnung		Abwehr/Team		Abschlusssprint
X	Torhüter einwerfen		Athletiktraining		
			Ausdauertraining		

☆:Einfache Anforderung (alle Jugend-Aktivenmannschaften)	☆ ☆: Mittlere Anforderung (geeignet ab C-Jugend bis Aktive)	☆ ☆ ☆: Höhere Anforderung (geeignet ab B-Jugend bis Aktive)	☆ ☆ ☆ ☆: Intensive Anforderung (geeignet für Leistungsbereiche)

Legende:

✖   Hütchen

△1   Angreifer

◯1   Abwehrspieler

▦   Ballkiste

⌇   Stange

Benötigt:

→ 12 Hütchen mit (verschiedenen Farben), 2 Stangen, 2 Ballkisten mit ausreichend Bällen

Beschreibung:

Der Einsatz von Passtäuschungen in Verbindung mit dem eigenen Durchbruch oder einem Rückpass zum Mitspieler ist Hauptthema der vorliegenden Trainingseinheit. Nach dem Einlaufen wird bereits in einem kleinen Spiel intelligentes Passen gefordert, welches in der Ballgewöhnung fortgesetzt wird. Das Torhüter-Einwerfen trainiert die Passtäuschung in Verbindung mit einem 1gegen1-Durchbruch, eine Wurfserie kombiniert die Passtäuschung mit einem Rückpass zum Mitspieler. Beide Varianten werden anschließend im Spiel zweimal 1gegen1 und 3gegen2, bis hin zum 4gegen4 angewendet.

Insgesamt besteht die Trainingseinheit aus folgenden Schwerpunkten:
- Einlaufen/Dehnen (Einzelübung: 10 Min. / Trainingsgesamtzeit: 10 Min.)
- Kleines Spiel (10/20)
- Ballgewöhnung (15/35)
- Torhüter einwerfen (10/45)
- Angriff Wurfserie (10/55)
- Angriff individuell (10/65)
- Angriff Kleingruppe (15/80)
- Abschlussspiel (10/90)

Gesamtzeit der Trainingseinheit: 90 Min.

Nr.: 5-1	Einlaufen/Dehnen	10	10

Aufbau:

- Hütchen in verschiedenen Farben außerhalb des 9-Meter-Raums aufstellen.

Ablauf:

- Jeder Spieler hat einen Ball. Es werden innerhalb des 9-Meter-Raums mit Ball verschiedene Übungen ausgeführt (s. u.).
- Dann ruft der Trainer eine Farbe (z. B. „blau").
- Das ist das Kommando für alle Spieler, eines der blauen Hütchen zu umprellen und wieder in den 9-Meter-Raum zu laufen.
- Die letzten Spieler machen eine kleine Zusatzaufgabe (z. B. Hampelmänner, Sit-ups, o. ä.).

Übungen im 9-Meter-Raum:

- Prellen mit links/rechts/abwechselnd.
- Hopserlauf und dabei prellen.
- Den Ball leicht hochwerfen und wieder fangen.
- Den Ball abwechselnd unter den Beinen durchgeben.

Erweiterung:

- Die Hütchen werden Begriffen zugeordnet (Apfel, Birne, Pflaume, Banane). Dieser Begriff wird anstatt der Hütchenfarbe genannt.

Nr.: 5-2	Kleines Spiel		10	20

Aufbau:

- Mit Hütchen werden Korridore gebildet (je nach Anzahl der Spieler 3–5).
- In jedem Korridor stehen abwechselnd 2 Abwehrspieler und drei Angreifer (im ersten Korridor genügen zwei Angreifer).

Ablauf:

- Die Angreifer haben die Aufgabe, so schnell wie möglich alle Bälle aus der Ballkiste auf der einen Seite auf die andere Seite zu passen und dort in der Kiste abzulegen.

- ![1] passt den ersten Ball zu einem Angreifer im dritten Korridor (A), dieser passt weiter in den Zielkorridor (B), und der Ball wird in der Kiste abgelegt (C).

- Etwas zeitversetzt beginnt ![2] mit dem gleichen Ablauf (D, E und F).

- ![1] holt sich nach seinem Pass einen neuen Ball usw.

- Die Abwehrspieler sollen versuchen, durch die Bewegung in ihrem Korridor die Bälle zu blockieren bzw. herauszufangen. Gelingt dies, müssen sie den Ball sofort wieder zu ![1] oder ![2] zurückpassen.

- Die Zeit wird gestoppt, bis alle Bälle in der Zielkiste sind, dann wird der Ablauf mit vier neuen Abwehrspielern und Aufgabentausch im Angriff wiederholt.

- Welche vier Abwehrspieler halten den Angriff am längsten auf?

⚠ Die Spieler sollen schnell erkennen, welcher der Angreifer im nächsten Korridor am besten anspielbar ist.

⚠ Eventuell den Hinweis geben, Pässe anzutäuschen, um die Abwehr zu einem Angreifer zu locken, und dann zum freien Angreifer zu passen.

Nr.: 5-3	Ballgewöhnung	15	35

Aufbau:

- 4er-Gruppen bilden und für jede Gruppe ein Feld mit Hütchen begrenzen (oder vorhandene Felder auf dem Hallenboden wählen).

Ablauf:

- Alle vier Spieler stellen sich in das Feld.

- 1, 2 und 3 versuchen, sich den Ball 10-mal zu passen (A und B), ohne dass 1 den Ball oder den Ballhalter berührt.

- Dabei darf kein Spieler das Feld verlassen.

- Schaffen 1, 2 und 3 10 Pässe oder gewinnt 1 den Ball, wird ein neuer Spieler zum Abwehrspieler.

- Weitere Gruppen führen den Ablauf parallel in weiteren Feldern durch (C).

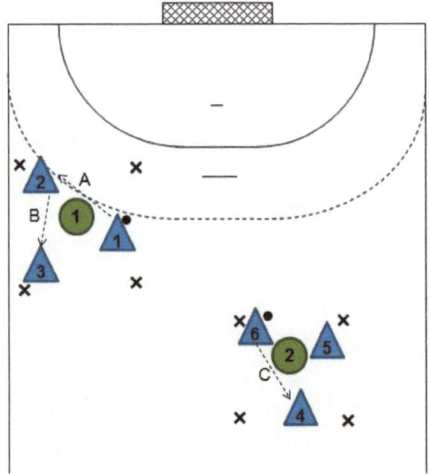

⚠ Die Angreifer sollen schnell entscheiden, welcher Mitspieler frei ist. Eventuell den Hinweis geben, Pässe anzutäuschen, um die Abwehr zu einem Angreifer zu locken, und dann zum freien Angreifer zu passen.

Nr.: 5-4	Torhüter einwerfen	10	45

Aufbau:

- Eine Stange als Markierung aufstellen.

Ablauf:

- **2** passt zu **1** (A), läuft an und bekommt den Rückpass (B).

- Dann täuscht **2** einen Pass (C) nach rechts an (deutliche Ausholbewegung, Blick nach rechts), zieht anschließend links an der Stange vorbei (D) und wirft nach Vorgabe (auf die Hände, hoch, tief) (E).

- Sobald **2** die Täuschung beendet hat, startet **3** mit dem gleichen Ablauf.

- **1** im nächsten Durchgang austauschen.

⚠ Die Spieler sollen die Passtäuschung nach rechts glaubhaft ausführen (deutliche Ausholbewegung, seitliches Ausdrehen des Körpers), bevor sie abbrechen und in Richtung Tor ziehen.

⚠ Nach jedem Durchgang die Seite wechseln, zu der die Passtäuschung gemacht wird.

⚠ Für Rechtshänder ist die Passtäuschung nach rechts leichter. Bei der Passtäuschung nach links im Besonderen auf eine deutliche Ausführung achten. Bei Linkshändern genau umgekehrt.

| Nr.: 5-5 | Angriff / Wurfserie | 10 | 55 |

Aufbau:

- Zwei Stangen als Markierung aufstellen.

Ablauf:

- 2️ passt zu 1️ (A), stößt an (B) und bekommt den Rückpass (C).

- Dann täuscht 2️ einen Pass zu 3️ an (E) und passt zurück zu 1️, der nach einer Lauftäuschung (D) nach innen an der Stange vorbei zieht.

- 1️ wirft (F).

- Dann startet der Ablauf von der anderen Seite mit 4️ und 3️.

- 1️ stellt sich nach dem Wurf auf RM an, 2️ wechselt nach der Aktion auf RL.

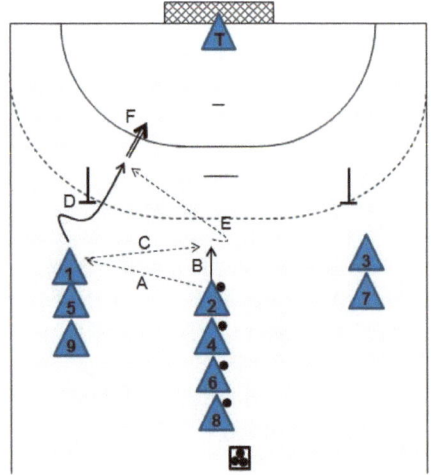

⚠️ Die Spieler sollen die Passtäuschung glaubhaft ausführen (deutliche Ausholbewegung, seitliches Ausdrehen des Körpers), bevor sie den Pass auf die andere Seite spielen.

Nr.: 5-6	Angriff / Individuell	10	65

Aufbau:

- Mit Hütchen zwei Korridore markieren (s. Bild).

Ablauf:

- 1 und 2 passen sich einen Ball (A).

- Die Abwehrspieler 1 und 2 treten immer auf den Ballhalter heraus und berühren nach Abspiel das Hütchen in der Mitte (B), bevor sie wieder heraustreten.

- 1 und 2 arbeiten mit Passtäuschungen, um – falls der Abwehrspieler bereits wegläuft (C) – selbst nach außen durchzubrechen (D).

- Nach der Aktion starten 3 und 4 mit dem gleichen Ablauf.

- Die Abwehrspieler regelmäßig wechseln.

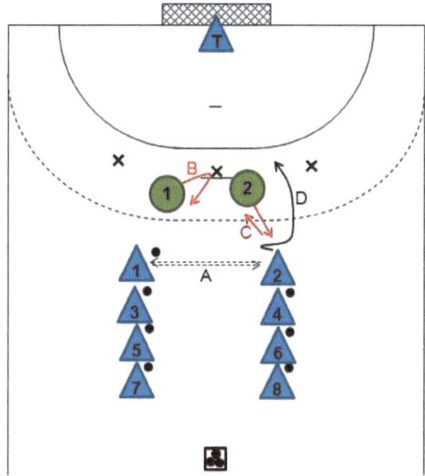

⚠ Die Spieler sollen glaubhafte Passtäuschungen ausführen und so die Abwehr dazu bringen, zu früh die Abwehrposition zu verlassen, sodass ein Durchbruch möglich ist.

Nr.: 5-7	Angriff / Kleingruppe		15	80

Aufbau:

- Mit Hütchen das Spielfeld begrenzen.

Ablauf:

- ▲1, ▲2 und ▲3 spielen im 3gegen2 gegen ●1 und ●2.
- Dabei sind Kreuzen und Einlaufen an den Kreis nicht erlaubt, stattdessen sollen die folgenden Varianten gespielt werden:
  - o Der Ball wird im Rückraum gepasst (A und B).
  - o Ein Spieler (▲2) stößt torgefährlich an (C).
  - o Danach täuscht ▲2 einen Pass zu ▲1 an (D), verlädt damit die Abwehr und passt dann auf den anstoßenden ▲3 (E). Konnte die Abwehr verladen werden, wirft ▲3 (F).
  - o Ein Spieler (▲1) stößt torgefährlich an (G).
  - o Dann macht ▲1 eine Passtäuschung zu ▲2 und versucht, die Abwehr zu verladen, um schließlich selbst nach außen durchzubrechen (H).
- Nach der Aktion startet die nächste 3er-Gruppe.
- Die Abwehrspieler regelmäßig wechseln.

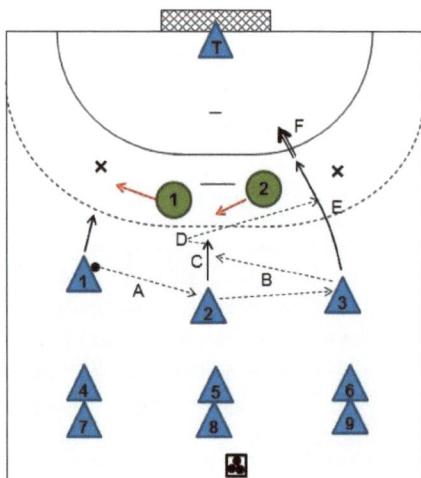

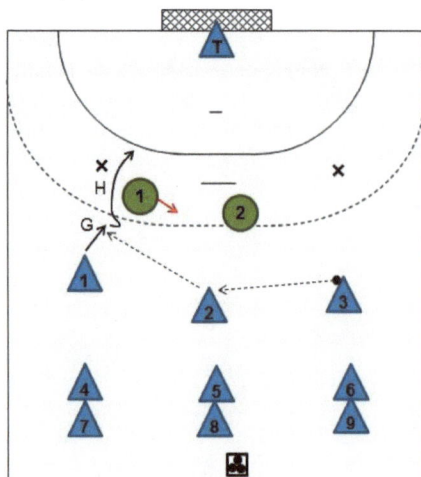

⚠ Die Spieler sollen glaubhafte Passtäuschungen ausführen und so die Abwehr dazu bringen, zu früh die Abwehrposition zu verlassen, sodass ein Durchbruch oder ein Rückpass möglich ist.

Nr.: 5-8	Abschlussspiel	15	90

Aufbau:

- Zwei Hütchen wie abgebildet zur Spielfeldbegrenzung aufstellen (Dem Leistungsniveau der Spieler anpassen).

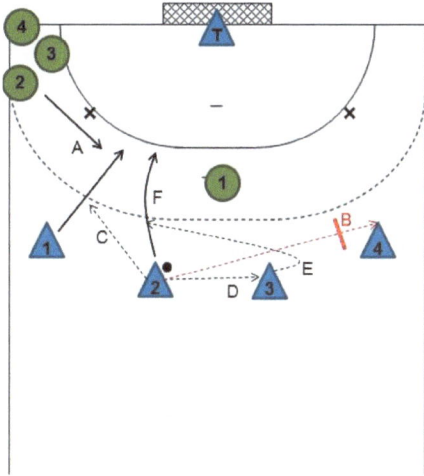

Ablauf:

- **1** spielt zu Beginn im 1gegen4 gegen **1**, **2**, **3** und **4**.
- Für jedes Tor, welches die Angreifer erzielen, darf ein weiterer Abwehrspieler das Feld betreten (A).
- Sobald alle vier Abwehrspieler im Spiel sind, darf der Angriff die komplette Spielfeldbreite ausnutzen, um ein Tor zu erzielen.
- Wie viele Angriffe benötigt der Angriff, bis er im 4gegen4 ein Tor erzielt hat. Danach werden die Aufgaben getauscht.
- Welche Mannschaft braucht weniger Angriffe?

Regeln für die Angreifer:

- Der Ball darf nur von Position zu Position gespielt werden, es darf keine Position ausgelassen werden.
- Die Spieler müssen ihre Position halten, es darf nicht eingelaufen oder gekreuzt werden.
- Es darf keine Position beim Passen ausgelassen werden (B).
- Die Angreifer dürfen entweder:
    o Nach der Passannahme direkt durchbrechen (A)
    o Oder können mit Passtäuschungen (D, E und F) agieren.

Notizen:

_____

_____

_____

_____

_____

5. Über den Autor

JÖRG MADINGER, geboren 1970 in Heidelberg

Juli 2014 (Weiterbildung): 3-tägiger DHB Trainerworkshop
„Grundbausteine Torwartschule"
Referenten: Michael Neuhaus, Renate Schubert, Marco Stange,
Norbert Potthoff, Olaf Gritz, Andreas Thiel, Henning Fritz

**Mai 2014 (Weiterbildung): 3-tägige DHTV/DHB
Trainerfortbildung** im Rahmen des VELUX EHF FinalFour
Referenten: Jochen Beppler (DHB Trainer), Christian vom Dorff
(DHB Schiri), Mark Dragunski (Trainer TuSeM Essen), Klaus-
Dieter Petersen (DHB Trainer), Manolo Cadenas (Nationaltrainer
Spanien)

Mai 2013 (Weiterbildung): 3-tägige DHTV/DHB Trainerfortbildung im Rahmen des
VELUX EHF FinalFour
Referenten: Prof. Dr. Carmen Borggrefe (Uni Stuttgart), Klaus-Dieter Petersen (DHB
Trainer), Dr. Georg Froese (Sportpsychologe), Jochen Beppler (DHB Stützpunkttrainer),
Carsten Alisch (Nachwuchstrainer Hockey)

seit Juli 2012: Inhaber der DHB A-Lizenz

seit Februar 2011: Vereinsschulungen, Coaching im Trainings- und Wettkampfbetrieb

November 2011: Gründung Handball-Fachverlag (handall-uebungen.de, Handball
Praxis und Handball Praxis Spezial)

Mai 2009: Gründung der Handball-Plattform handball-uebungen.de

2008-2010: Jugendkoordinator und Jugendtrainer bei der SG Leutershausen

seit 2006: Inhaber der Trainer-B-Lizenz

Anmerkung des Autors
1995 überredete mich ein Freund, mit ihm zusammen das Handballtraining einer
männlichen D- Jugend zu übernehmen.

Dies war der Beginn meiner Trainertätigkeit. Daraufhin fand ich Gefallen an den Aufgaben
eines Trainers und stellte stets hohe Anforderungen an die Art meiner Übungen. Bald
reichte mir das Standardrepertoire nicht mehr aus und ich begann, Übungen zu
modifizieren und mir eigene Übungen zu überlegen.

Heute trainiere ich mehrere Jugend- und Aktivenmannschaften in einem breit gefächerten
Leistungsspektrum und richte meine Trainingseinheiten gezielt auf die jeweilige
Mannschaft aus.

Seit einigen Jahren vertreibe ich die Übungen über meinen Onlineshop handball-
uebungen.de. Da die Tendenz im Handballtraining, vor allem im Jugendbereich, immer
mehr in Richtung einer allgemeinen sportlichen Ausbildung mit koordinativen
Schwerpunkten geht, eignen sich viele Spiele und Spielformen auch für andere Sportarten.

Lassen Sie sich inspirieren von den verschiedenen Spielideen und bringen Sie auch Ihre
eigene Kreativität und Erfahrung ein!

Ihr

Jörg Madinger

6. Weitere Fachbücher des Verlags DV Concept

Von A wie Aufwärmen bis Z wie Zielspiel – 75 Übungsformen für jedes Handballtraining

Ein abwechslungsreiches Training erhöht die Motivation und bietet immer wieder neue Anreize, bekannte Bewegungsabläufe zu verbessern und zu präzisieren. In diesem Buch finden Sie Übungen zu allen Bereichen des Handballtrainings – vom Aufwärmen über Torhüter einwerfen bis hin zu gängigen Inhalten des Hauptteils und Spielen zum Abschluss, die Sie in ihrem täglichen Training mit Ihrer Handballmannschaft inspirieren sollen. Alle Übungen sind bebildert und in der Ausführung leicht verständlich beschrieben. Spezielle Hinweise erläutern, worauf Sie achten müssen.

Insgesamt gliedert sich das Buch in die folgenden Themenschwerpunkte:

Erwärmung:
- Grunderwärmung
- Kleine Spiele zur Erwärmung
- Sprintwettkämpfe
- Koordination
- Ballgewöhnung
- Torhüter einwerfen

Grundübungen, Grund- und Zielspiele:
- Angriff/Wurfserien
- Angriff allgemein
- Schnelle Mitte
- 1. und 2. Welle
- Abwehraktionen
- Abschlussspiele
- Ausdauer

Am Ende finden Sie dann noch eine komplette methodisch ausgearbeitete Trainingseinheit. Ziel der Trainingseinheit ist das Verbessern des Wurfs und der Wurfentscheidung unter Druck.

Mini- und Kinderhandball (5 Trainingseinheiten)

Mini- bzw. Kinderhandball unterscheidet sich grundlegend vom Training höherer Altersklassen und erst recht vom Handball in Leistungsbereichen. Bei diesem ersten Kontakt mit der Sportart „Handball" sollen die Kinder an den Umgang mit dem Ball herangeführt werden. Es soll der Spaß an der Bewegung, am Sporttreiben, am Spiel miteinander und auch am Wettkampf gegeneinander vermittelt werden.

Das vorliegende Buch führt zunächst kurz in das Thema und die Besonderheiten des Mini- und Kinderhandballs ein und zeigt dabei an einigen Beispielübungen Möglichkeiten auf, das Training interessant und abwechslungsreich zu gestalten.

Im Anschluss folgen fünf komplette Trainingseinheiten in verschiedenen Schwierigkeitsgraden mit Hauptaugenmerk auf den Grundtechniken im Handball (Prellen, Passen, Fangen, Werfen und Abwehren im Spiel gegeneinander). Hier wird spielerisch in die späteren handballspezifischen Grundlagen eingeführt, wobei auch die generelle Bewegungserfahrung und die Ausprägung von koordinativen Fähigkeiten besondere Beachtung findet.

Die Übungen sind leicht verständlich durch Text und Übungsbild erklärt und können in jedes Training direkt integriert werden. Durch verschiedene Variationen können die Trainingseinheiten im Schwierigkeitsgrad an die jeweilige Trainingsgruppe angepasst werden. Sie sollen auch Ideen bieten, die Übungen zu modifizieren und weiterzuentwickeln, um das Training immer wieder neu und abwechslungsreich zu gestalten.

Passen und Fangen in der Bewegung – 60 Übungsformen für jedes Handballtraining

Passen und Fangen sind zwei Grundtechniken im Handball, die im Training permanent trainiert und verbessert werden müssen. Die vorliegenden 60 praktischen Übungen bieten viele Varianten, um das Passen und Fangen anspruchsvoll und abwechslungsreich zu trainieren. Ein besonderer Fokus liegt dabei darauf, die Sicherheit beim Passen und Fangen auch in der Bewegung mit hoher Dynamik zu verbessern. Deshalb werden die Übungen mit immer neuen Laufwegen und spielnahen Bewegungen gekoppelt.

Die Übungen sind leicht verständlich durch Text und Übungsbild erklärt und können in jedes Training direkt integriert werden. Durch verschiedene Schwierigkeitsgrade und Komplexitätsstufen kann für jede Altersstufe das Passen und Fangen passend gestaltet werden.

Effektives Einwerfen der Torhüter – 60 Übungsformen für jedes Handballtraining

Das Einwerfen der Torhüter ist in nahezu jedem Training notwendiger Bestandteil. Die vorliegenden 60 Übungen zum Einwerfen bieten hier verschiedene Ideen, um das Einwerfen sowohl für die Torhüter als auch für die Feldspieler anspruchsvoll und abwechslungsreich zu gestalten. Ein besonderer Fokus liegt dabei darauf, schon beim Einwerfen die Dynamik der Spieler zu verbessern.

Die Übungen sind leicht verständlich durch Text und Übungsbild erklärt und können in jedes Training direkt integriert werden. Ob gekoppelt mit koordinativen Zusatzübungen oder vorbereitend für Inhalte des Hauptteils, kann für jedes Training und durch verschiedene Schwierigkeitsstufen für jede Altersstufe das Einwerfen passend gestaltet werden.

Weitere Handball Fachbücher und E-Books finden Sie unter
www.handball-uebungen.de

Wettkampfspiele für das tägliche Handballtraining – 60 Übungsformen für jede Altersstufe

Handball lebt von schnellen und richtig getroffenen Entscheidungen in jeder Spielsituation. Dies kann im Training spielerisch und abwechslungsreich durch handballnahe Spiele trainiert werden. Die vorliegenden 60 Übungsformen sind in sieben Kategorien unterteilt und schulen die Spielfähigkeit.

Das Buch beinhaltet die folgenden Kategorien:
- Parteiball-Varianten
- Mannschaftsspiele auf verschiedene Ziele
- Fangspiele
- Sprint- und Staffelspiele
- Wurf- und Balltransportspiele
- Sportartübergreifende Spiele
- Komplexe Spielformen für das Abschlussspiel

Die Spiele sind leicht verständlich durch Text und Übungsbild erklärt und können in jedes Training direkt integriert werden. Durch verschiedene Schwierigkeitsstufen, zusätzliche Hinweise und Variationsmöglichkeiten können sie für jede Altersstufe angepasst gestaltet werden.

Taschenbücher aus der Reihe Handball Praxis

Handball Praxis 1 – Handballspezifische Ausdauer (5 Trainingseinheiten)

Handball Praxis 2 – Grundbewegungen in der Abwehr (5 Trainingseinheiten)

Handball Praxis 3 – Erarbeiten von Auslösehandlungen und Weiterspielmöglichkeiten
(5 Trainingseinheiten)

Handball Praxis 4 – Intensives Abwehrtraining im Handball (5 Trainingseinheiten)

Handball Praxis 5 – Abwehrsysteme erfolgreich überwinden (5 Trainingseinheiten)

Handball Praxis 6 – Grundlagentraining für E- und D- Jugendliche (5 Trainingseinheiten)

Handball Praxis 7 – Handballspezifisches Ausdauertraining im Stadion und in der Halle (5 Trainingseinheiten)

Handball Praxis 8 – Spielfähigkeit durch Training der Handlungsschnelligkeit
(5 Trainingseinheiten)

Handball Praxis Spezial 1 – Schritt für Schritt zur 3-2-1-Abwehr (6 Trainingseinheiten)

Handball Praxis Spezial 2 – Schritt für Schritt zum erfolgreichen Angriffskonzept gegen eine 6-0-Abwehr (6 Trainingseinheiten)